À portée de mains

Initiation à la langue des signes

A1-A2

À portée de mains

Initiation à la langue des signes

Pierre Guitteny

Illustrations de Laurent Verlaine

Préface de Jean-Louis Brugeille

Postface de Brigitte Garcia

ellipses

ISBN 9782340-019621

32, rue Bargue 75740 Paris cedex 15

www.editions-ellipses.fr

Remerciements

Ce livre sur la LSF (langue des signes française) n'aurait pu voir le jour sans le soutien et les conseils de :

- Brigitte Garcia, professeure de sciences du langage à l'Université Paris 8
- Jean-Louis Brugeille, inspecteur de l'Education nationale, chargé de mission national LSF
- Moez Beddaï, professeur certifié de langue des signes
- Roger Rodriguez, formateur et directeur, Visuel-LSF Aquitaine
- Olivier de Langhe, enseignant de LSF à l'INJS de Bordeaux
- Fabienne Jariod, enseignante de LSF à l'Université Bordeaux-Montaigne
- Franck Picard, dessinateur, formateur de Laurent Verlaine
- les membres du Graals (groupe de recherche et d'action aquitain sur la langue des signes).

Ce livre doit beaucoup aux enseignements de Christian Cuxac, linguiste qui a mis au jour différentes structures linguistiques propres aux langues des signes.

Merci aux étudiants de l'Université Bordeaux Montaigne et de Visuel-LSF d'avoir expérimenté une partie de ces cours.

Merci également à Barbara James, des éditions Ellipses et à Olivier Rapet, professeur des écoles.

Préface

Ayant grandi dans la langue des signes jusqu'à mes quinze ans, j'ai toujours cru que les personnes n'ayant jamais côtoyé une personne sourde savaient poser les bonnes questions sur cette langue ou la vie quotidienne d'un Sourd. À cet âge, lors d'une manifestation hors centre spécialisé où j'étais scolarisé, un éducateur m'a traduit en langue des signes quelques questions posées par un adulte non sourd, appelé communément « entendant », qui voulait s'approcher de mes camarades sourds et de moi-même. J'ai été complètement ébahi par sa première question que j'ai vue pour la première fois, car je vivais dans un cocon tissé par des spécialistes en surdité et ma famille sourde. À ce moment, je me suis dit que cette question était loin d'être basique. J'ai vu l'apathie de l'éducateur dans sa traduction. J'aurais imaginé sa réaction avec une stupeur indignée face à cette question. À cet instant, j'ai songé que cette question avait été mal traduite ou que j'avais mal compris. Je l'ai, de ce fait, reformulée et l'éducateur me l'a confirmée, toujours dans son inertie. Là, mes neurones ont déchargé, ce qui m'a conduit à l'appréhension de trouver une bonne réponse. Cela a provoqué une colère intérieure dans ma réponse, car cette question n'aurait pas dû être soulevée. Ce fut mon premier choc, inattendu et effroyable, qui restera à jamais gravé dans ma mémoire.

Dans sa question, la langue des signes s'écrivait naturellement en braille. Je répliquai sèchement un grand : « Non ! En fait, j'écris, comme vous, en français ». Visiblement, mon interlocuteur plongea dans l'incompréhension : comment la langue des signes peut-elle s'écrire en français ? À cet âge, je n'étais pas préparé à répondre à de telles questions naïves et parfois blessantes. Jusqu'à ce que je sois devenu adulte, j'ai découvert, à travers des questions, l'ignorance involontaire des personnes entendantes sur la langue visuelle. À titre d'exemples, les questions naïves portant sur la langue des signes que l'on m'a posées sont récurrentes : est-ce le langage des Sourds-muets ? La langue des signes française est-elle une langue universelle ? Peut-elle signifier l'abstraction ? Un signe équivaut-il à un mot ? Est-ce bien d'exprimer par le même signe « bonjour » et « merci » ? Combien d'heures d'apprentissage de la langue des signes française (LSF) sont nécessaires pour pouvoir communiquer avec un Sourd ? Comment apprendre la langue des signes quand on est petit ? La langue des signes a-t-elle une grammaire ? Comment lier le français en tant que communication écrite et la LSF en tant que communication orale ? La LSF possède-t-elle des expressions idiomatiques ?

D'autres questions semblent déplorables : la LSF n'est-elle pas comme une autre langue vivante ? Comme certains mots n'ont pas de signe, le lexique en signes est-il pauvre ? La syntaxe de la LSF ne respecte-t-elle pas celle de la langue française ? Le français signé est-il aussi une langue des signes ? Pourquoi la voix ne peut-elle pas être utilisée dans l'expression signée ? Apprendre la LSF risque-t-il de faire perdre l'usage de la parole ? Comme cette liste n'est pas exhaustive, il y a d'autres questions portant sur la grammaire de la LSF que, de nos jours, les sourds abordent, car ils ne l'ont pas apprise durant leur scolarité. En outre, un bon nombre de personnes entendantes n'ayant jamais vu un Sourd ont la certitude que tous les enfants sourds s'expriment en langue des signes dans les classes avec leurs professeurs spécialisés maitrisant aussi bien cette langue. Ou encore, la langue des signes a été inventée par l'Abbé de l'Epée. Une petite partie des téléspectateurs ne comprennent pas pourquoi le « langage des singes » est incrusté en médaillon à l'écran. Certains professeurs honoraires en oto-rhino-laryngologie ont la conviction que la langue des signes est une langue agrammaticale...

Ces croyances malheureusement bien enracinées doivent être ébranlées par des moyens d'information auprès du grand public et de sensibilisation à la langue des signes. Expliquer le fonctionnement de la langue des signes, qui est une langue non vocale et visuelle, est une tâche compliquée : le présenter sur papier dans une autre langue, vocale et non visuelle. Pierre Guitteny, coauteur entendant du présent livre et docteur en linguistique, sait comment le transférer en langue vocale tout en minimisant l'emploi du jargon linguistique et aussi l'exposer aux regards des curieux souhaitant s'initier à cette belle langue. Et Laurent Verlaine, coauteur du même livre et dessinateur Sourd, sait comment le traduire en langage visuel dans le respect de la grammaire de la langue des signes, et aussi décrypter pédagogiquement la pensée visuelle des Sourds.

Par analogie, à l'époque, on savait peu de choses de la face cachée de la lune. Celle-ci fut observée directement par un homme pour la première fois lors d'une mission spatiale. Un astronaute décrivit ce qu'il voyait : « L'autre face ressemble à un tas de sable avec lequel mes enfants ont joué autrefois. Tout est comme détruit, il n'y a pas de mots pour la décrire, juste beaucoup de bosses et de trous. ». La description de ce que l'on voit dans une langue vocale et non visuelle est relativement limitée. Le présent livre sait toutefois franchir cette limite par ses descriptions. Au fil de ces pages, vous allez découvrir avec émerveillement la partie cachée du langage humain, voire des langues bien communes de l'Humanité.

Jean-Louis Brugeille

Introduction

Les langues des signes sont des langues à part entière, avec leur vocabulaire et leur grammaire, se développant dans une poésie, un humour, une culture particuliers. Ces langues sont attestées depuis l'Antiquité : depuis que des personnes sourdes ont pu se rencontrer, former de petites communautés et élaborer un langage commun. Elles se sont formées probablement dès les premiers échanges entre sourds et entendants.

Elles se donnent à voir à travers le corps : non seulement les mains, mais aussi le visage, le regard et les épaules. Elles sont ainsi une expression corporelle. Mais ces langues ne sont pas du mime : tous les gestes sont codifiés selon des règles précises. Les personnes n'ayant pas l'habitude de manifester leurs opinions ou sentiments à travers le corps découvrent ainsi une nouvelle forme de communication ouverte à tous : l'aisance s'épanouit au fur et à mesure de la maîtrise de la langue.

Il existe de nombreuses langues des signes : française, espagnole, américaine, etc. Le vocabulaire est souvent différent : les langues des signes sont adaptées à chaque culture, aux caractéristiques visuelles du pays où elles se développent – ainsi, par exemple, la forme d'une habitation typique n'est pas la même en France, en Chine ou au Groenland ; les signes seront donc différents. Car chaque langue des signes retient un trait visuel spécifique pour désigner telle ou telle entité. Ce livre présente donc la langue des signes telle qu'elle est pratiquée en France. Ainsi, lorsqu'il sera question de langue des signes, il s'agira par défaut de langue des signes française. En revanche, la grammaire est en grande partie identique, et plus particulièrement certaines structures iconiques que l'on nomme les transferts, présentés dans ce livre. Cela permet aux sourds du monde entier de pouvoir aisément communiquer, notamment à travers une forme plus visuelle de la langue des signes que l'on appelle langue des signes internationale.

Ce livre présente :

- les bases de la langue des signes française (formation des signes, types de signes, espace de signation, transferts...).
- le vocabulaire courant
- les principales règles de grammaire
- quelques références concernant la culture sourde
- une liste de sites internet où trouver des vidéos en langue des signes, les adresses des associations de personnes sourdes et les informations sur les manifestations qui les concernent
- une bibliographie permettant d'approfondir des thèmes plus particuliers.

Cet ouvrage n'est pas suffisant : pour progresser dans l'apprentissage de la langue des signes, il est important de rencontrer le plus possible de personnes sourdes. Il existe de nombreuses associations les regroupant, partout en France. Se développent également beaucoup de services autour de la langue des signes : visites guidées, conférences, fêtes... autant d'occasions pour voir et pratiquer la langue des signes.

Bonne découverte !

Remarque

Beaucoup d'expressions circulent : déficients auditifs, handicapés de l'ouïe, sourds-muets, malentendants, etc. La plupart des sourds s'exprimant en langue des signes préfèrent s'appeler simplement « sourds ». La langue des signes est, linguistiquement, une langue orale, c'est-à-dire une langue du face-à-face. La langue des signes ne dispose pas d'une forme écrite institutionnalisée. Différents systèmes d'écriture de la langue des signes ont été proposés, comme Signwriting (http://www.signwriting.org/), les recherches de Paul Jouison (Brigitte Garcia, *Écrits sur la langue des signes française*, L'Harmattan, 1996) ou Hamnosys (https://www.sign-lang.unihamburg.de/dgs-korpus/index.php/hamnosys-97.html), mais ces systèmes sont peu répandus parmi les sourds. La langue des signes partage un certain nombre de caractéristiques avec les langues vocales dans leur forme parlée, comme :

- être davantage soumise aux variations individuelles ou locales
- être moins normalisée ou plus tolérante vis-à-vis des normes
- privilégier les faits bruts selon divers éclairages successifs plutôt qu'un raisonnement déductif
- accentuer les hésitations et répétitions, la prosodie plus que la syntaxe
- mettre en avant certaines constructions grammaticales...

Les règles sont donc plus souples que celles des langues écrites.

Dans ce livre sont présentés des dizaines de signes avec leur traduction française la plus courante. Mais, comme entre toutes langues, les vocabulaires du français et de la langue des signes ne coïncident pas exactement l'un avec l'autre. Ainsi, un signe peut être traduit par différents mots français en fonction du contexte, comme un mot peut être traduit par différents signes en fonction du contexte. Ces traductions sont donc une simplification.

1 Formation des signes

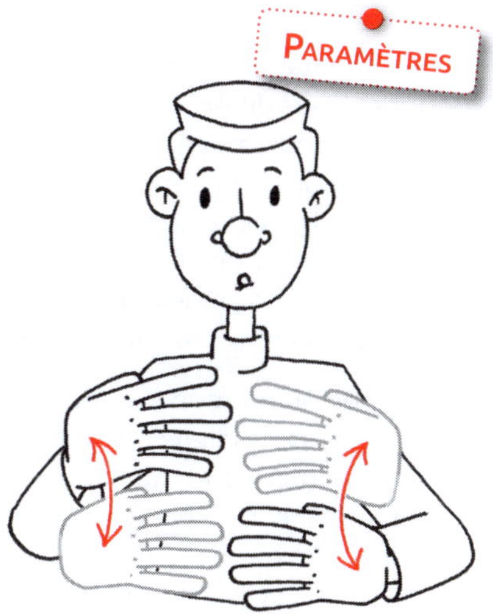

Les signes sont formés à partir de huit paramètres : quatre paramètres manuels et quatre paramètres non manuels.

- Paramètres manuels :
  - la configuration de la main
  - l'orientation
  - le mouvement
  - l'emplacement
- Paramètres non manuels :
  - la direction du regard
  - l'expression du visage
  - le mouvement du corps
  - le mouvement des lèvres

1. La configuration

Il s'agit de la forme des mains. Les formes peuvent être très diverses : main à plat doigts serrés, tous doigts dépliés, index déplié, index et majeur déplié tous doigts repliés sauf le pouce, sauf l'index main en forme de 0, de bec de canard, etc. Il existe plusieurs dizaines de configurations différentes (les configurations utilisées peuvent varier selon les pays).

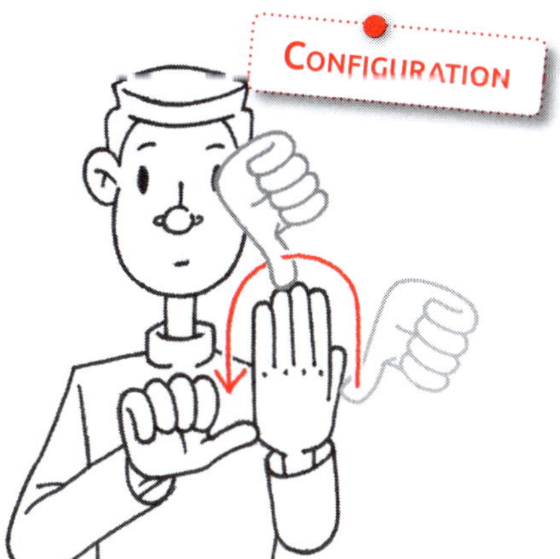

La main gauche et la main droite prennent souvent une configuration différente. On parle de « main dominante » (la droite pour les droitiers, la gauche pour les gauchers) et de « main dominée » (l'autre main).

Les signes peuvent être effectués indifféremment de la main droite ou de la main gauche.

La configuration d'un signe a souvent un lien avec l'image de l'objet ou la représentation du concept signifié. Ainsi, pour les deux signes de la couverture, le signe « livre » est effectué par deux mains à plat, collées l'une à l'autre, avec un mouvement d'ouverture, comme un livre que l'on ouvre, et pour le signe « lire », la main dominante présente l'index et le majeur dressés, légèrement écartés, signifiant ainsi les deux yeux parcourant le livre. Autre exemple, le signe « avion » présente le pouce et le petit doigt dressés et écartés, les autres doigts étant repliés : l'index et le petit doigt figurent ainsi les deux ailes, de chaque côté de l'avion. Le signe et ce qu'il représente ont ainsi souvent un lien de ressemblance (métonymie ou métaphore) au moment de leur création, mais ce lien peut s'oublier : on ne connaît plus l'image utilisée au départ pour tel ou tel signe ancien, comme peut se perdre l'étymologie d'un mot français. Le signe garde son sens, même si son origine est perdue.

2. L'orientation

L'orientation d'un signe peut avoir une valeur lexicale : un signe orienté vers différentes directions peut prendre des sens différents, comme pour le signe « ça va » (voir plus loin). Ce paramètre a aussi une valeur grammaticale, par exemple pour indiquer l'agent et le patient. Un signe comme « demander » orienté du locuteur vers l'interlocuteur signifie : je te demande ; orienté de l'interlocuteur vers le locuteur, il signifie : tu me demandes ; orienté du locuteur vers un emplacement sur le côté, il signifie : je lui demande, etc.

Cette orientation est liée à l'espace situé devant le locuteur, où sont réalisés les signes. Il est appelé : espace de signation. Cet espace peut reproduire en miniature un espace réel, un peu comme une scène de théâtre – par exemple pour décrire un trajet, une rencontre, un lieu, un objet... Cet espace est aussi symbolique. Par exemple, placer une personne plus haut dans cet espace peut désigner une différence hiérarchique ou générationnelle. L'orientation d'un signe vers le haut ou le bas est ainsi signifiante. On place dans cet espace les différents personnages dont il est question, et les signes prennent sens par rapport à leur orientation vers ces différents emplacements.

3. Le mouvement

Le mouvement a différentes fonctions :

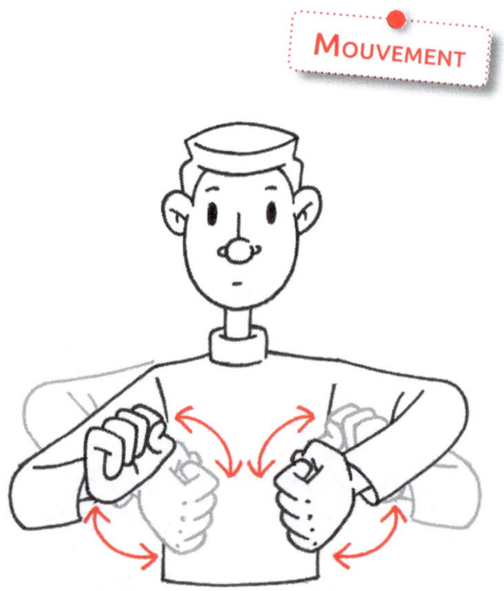

- au niveau du vocabulaire, il fait partie de la réalisation, et donc du sens, d'un signe, comme « bonjour ». Il peut permettre aussi de distinguer un nom d'un verbe. Par exemple le signe « lapin » (désigné par ses oreilles) avec le mouvement des oreilles qui se replient signifie : se soumettre
- au niveau de la syntaxe, comme pour l'orientation, il permet de désigner l'agent, le patient ou le bénéficiaire
- au niveau de l'aspect, il peut indiquer différentes nuances. Par exemple, un mouvement répété plusieurs fois peut indiquer une action qui dure ; un mouvement plus rapide ou plus lent est lié à la vitesse de l'action évoquée ; un mouvement réalisé avec une plus grande ampleur ou intensité apporte

une nuance particulière à l'action présentée ; un mouvement qui, au lieu d'être effectué en ligne droite, suit des méandres peut signifier par exemple un trajet qui prend plus de temps que prévu...

4. L'emplacement

L'emplacement d'un signe dans l'espace de signation a trois motivations :

- au niveau du discours, il peut reproduire un emplacement réel : la voiture était à gauche, le piéton à droite, le poteau devant...
- au niveau de la syntaxe, on peut attribuer un emplacement fictif aux protagonistes. Cela permet, par exemple pour les dialogues, de placer une personne à droite, l'autre à gauche, puis d'avoir simplement à tourner les épaules et le regard d'un côté ou de l'autre pour savoir qui parle.
- au niveau du vocabulaire, l'emplacement est souvent symbolique. Par exemple, beaucoup de signes dont le sens est lié à l'intellect sont réalisés au niveau de la tête (penser, réfléchir, rêver...).

Il est possible de « jouer » avec ces emplacements pour créer de nouvelles significations. Ainsi, « ouvrir la porte » se signe habituellement au niveau de l'abdomen. Le même signe réalisé au niveau du front prend le sens d'ouvrir son esprit ; ou encore, le signe « écouter » se signe au niveau de l'oreille. Le même signe réalisé au niveau des yeux signifie : écouter par son regard (c'est-à-dire la manière d'écouter des sourds). Ce procédé consistant à changer la signification d'un signe en changeant son emplacement est souvent utilisé pour la création de néologismes ou de jeux de signes.

5. Le regard

Le regard est très important en langue des signes. Il s'agit d'abord d'une langue où, pour se parler, il faut se regarder dans les yeux : tous les signes sont organisés pour que l'on n'ait pas à détacher son regard de l'interlocuteur – les signes éloignés du visage sont simples, afin d'être facilement perçus en vision périphérique.

Le regard est au centre de l'organisation de la syntaxe : il désigne, dans l'espace de signation, l'emplacement dont il va être question. Il permet par exemple de viser un emplacement attribué à une personne, et de la pointer ainsi comme celle dont on va parler. Il est aussi au centre de l'organisation du discours : dans un discours rapporté, le regard du locuteur reproduit celui du personnage ou de l'entité dont il est question : lorsque le personnage, dans le récit, regarde à droite, le locuteur regarde à droite...

Lorsque le locuteur regarde de nouveau l'interlocuteur, il s'agit d'une interruption du récit, soit provisoire, par exemple pour insérer un commentaire, soit définitive – fin du récit.

Le regard a également un rôle pragmatique : par exemple, lorsqu'un locuteur ne veut pas être interrompu, il ne regarde pas son interlocuteur tout en continuant à signer – celui-ci ne peut pas alors « prendre la parole ».

Ces manières de gérer les échanges notamment par le regard nécessitent une certaine maîtrise, une grande finesse, sous peine de paraître grossier ou maladroit.

6. L'expression du visage

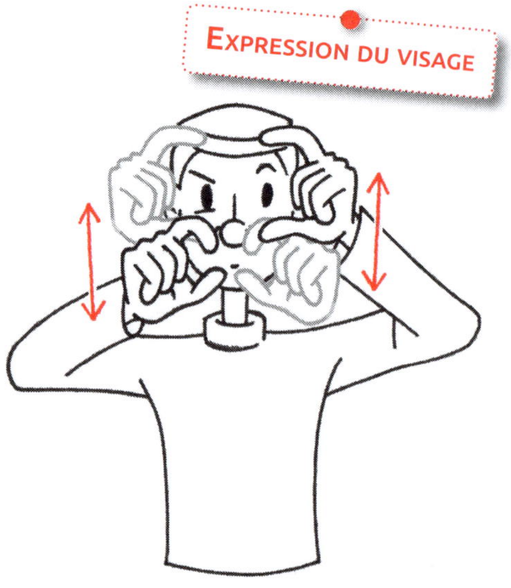

L'expression du visage est bien sûr liée à l'expression du sentiment du locuteur ou du personnage qu'il évoque. Accompagnant un verbe, elle peut refléter différentes valeurs modales : interrogatif, impératif, conditionnel, réprobatif, ironique, dubitatif, etc. Accompagnant un nom ou un adverbe, elle a souvent un rôle d'accentuation, comme en gonflant les joues, en fronçant les sourcils ou en plissant les yeux. Comme pour les autres paramètres, l'expression du visage peut avoir une certaine indépendance.

Ainsi, l'expression du visage qui accompagne un nom ou un verbe peut, dans certains contextes, être exprimée seule – l'interlocuteur comprenant l'ellipse ; ou encore l'expression du visage peut être en léger décalage par rapport au signe correspondant, afin d'accentuer un effet de surprise, d'interrogation, de doute...

7. Le mouvement du corps

Le mouvement des épaules est lié aux emplacements attribués dans l'espace de signation : par exemple un mouvement vers la gauche focalisera l'attention sur la personne ou l'objet placé à gauche. Les épaules peuvent également être rentrées ou relevées en fonction de la taille ou de l'importance de ce qui est évoqué, ou en fonction de nuances apportées (timidité, peur, fierté, etc.).

Les nuances exprimées par les postures corporelles sont en fait très nombreuses et très fines. Il faut une certaine pratique de la langue des signes pour les maîtriser. Par exemple, un simple plissement du nez peut prendre le sens de « je suis d'accord ». Ainsi,

- les épaules peuvent être rentrées ou relevées ;
- les épaules peuvent avoir un mouvement vers l'avant ou vers l'arrière ;
- la tête peut être tournée vers la droite ou la gauche, le haut ou le bas ;
- les sourcils peuvent être relevés ou abaissés ;
- les yeux peuvent être très ouverts ou fermés ;
- les yeux peuvent cligner ;
- les lèvres peuvent être pincées ou ouvertes ;
- les joues peuvent être gonflées ou tendues ;
- le nez peut être plissé...

8. Le mouvement des lèvres

Il existe deux types de mouvements :

- d'une part la labialisation de mots français, plus fréquente chez les personnes sourdes ayant suivi une éducation orale
- d'autre part différents mouvements comme les lèvres laissant passer un souffle, une série de « p », une forme d'explosion... Ces mouvements accompagnent des signes comme « fumer la pipe », « détonation », « ventilateur », etc.

Indépendance des paramètres

Ces différents paramètres sont liés : c'est leur composition qui crée un signe et une signification. Leur union, dans un signe, doit donc être cohérente avec le sens recherché.

Ainsi, lorsqu'un emplacement, dans l'espace de signation, est attribué à un objet ou une personne, il est important de veiller à ce que l'orientation et le mouvement soient toujours adaptés à cet emplacement. Le verbe « lire », sur la page de couverture, est orienté vers le livre que l'on a placé préalablement devant soi. Si le livre avait été placé par exemple sur la gauche, le verbe serait orienté vers la gauche.

Cependant, ces paramètres peuvent bénéficier d'une certaine indépendance. Par exemple le signe « entendant » est réalisé au niveau de l'oreille. Un néologisme a été créé pour désigner les personnes sourdes qui veulent imiter les entendants (celles qui sont entendantes dans leur esprit) : le même signe est effectué au niveau du front. Cette indépendance des paramètres peut faire l'objet d'exercices. Pour les apprenants possédant déjà un certain vocabulaire, un exercice consiste à choisir une configuration, puis à créer un récit en n'utilisant que des signes présentant cette configuration.

Cette indépendance est importante dans trois domaines principaux :

- les néologismes. La langue des signes ayant été interdite dans les écoles spécialisées durant un siècle (voir l'historique), elle n'a pu se développer pleinement. Depuis une vingtaine d'années, au contraire, sa diffusion de plus en plus importante dans la société et l'accès des personnes sourdes à de nombreux nouveaux métiers entraînent une création très abondante de néologismes.
- les « jeux de signes ». Lorsque l'on discute avec des personnes sourdes, il est fréquent d'être confronté à des signes que l'on n'a jamais vus et qui ne figurent dans aucun dictionnaire : il s'agit souvent de signes « standards » dont un ou plusieurs paramètres ont été modifiés.
- la poésie. Différents éléments permettent de construire une expression poétique en langue des signes, comme le rythme, l'ampleur des mouvements, les répétitions, etc. Un de ces éléments est le jeu avec les paramètres. Ainsi, beaucoup de poésies signées n'ont pas recours au simple lexique standard, mais à des signes dont la configuration, l'emplacement... ont été modifiés afin de mettre en valeur une certaine signification, d'apporter une harmonie dans une suite de signes, de créer une expression originale qui soit à la fois inattendue et tout à fait compréhensible. Les poètes et chansigneurs sourds montrent ainsi la créativité de la langue des signes.

Remarque

Il existe de nombreux festivals où la langue des signes peut être admirée, comme Clin d'oeil (Cinésourds), Gestival (Trèfle), Renc'Arts (Cultiv'art), Souroupa (Signes), Sign'ô (Act's), Tours en signes (100 Voix), Sur le fil (Parvis des arts), Voix vives en Méditerranée (Arts résonances), Regards d'avril (NTH8), etc. Le centre culturel de référence pour la langue des signes est IVT (International Visual Theatre). D'autres compagnies ou associations montent des projets autour de la langue des signes comme Art'Sign, Chandanse des Sourds, Bête à Bon Dieu Production, Les mains balladeuses, Culture mains...

Bonjour

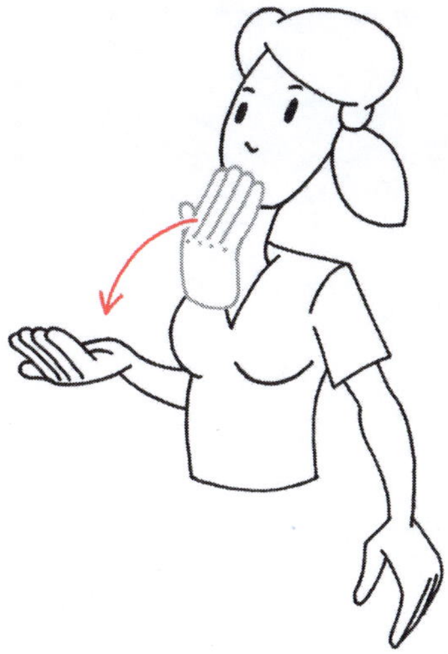

La main à plat, doigts serrés, part de la bouche et descend.

Remarque

- la main peut être complètement à plat, ou former un léger angle comme sur le dessin : certaines variations sont possibles selon les régions, les locuteurs, les niveaux de langue...
- un signe proche : « merci » s'effectue avec la même main ; mais le mouvement est horizontal – il ne descend pas.

2 Se présenter

SOURD

L'index dressé, autres doigts repliés, va de l'oreille à la bouche (autrefois, on utilisait l'expression : « sourd-muet »)

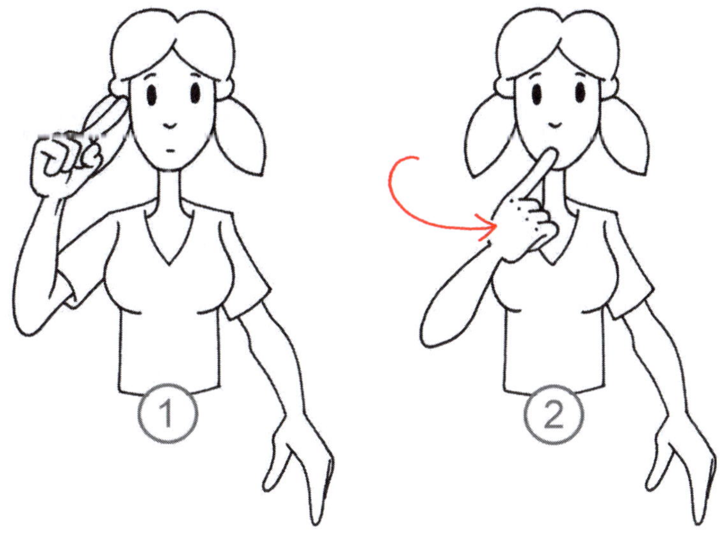

Entendant

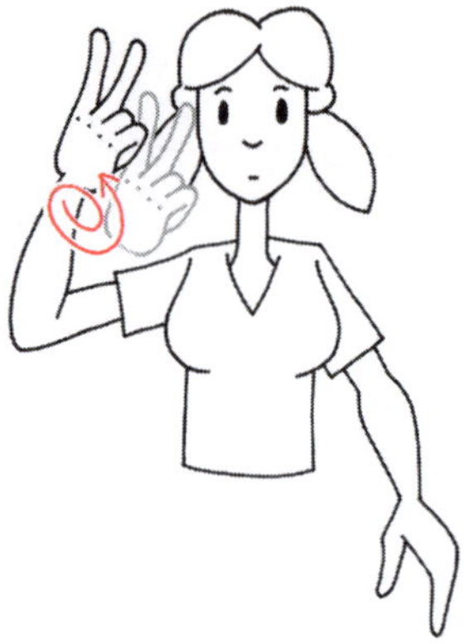

Index et majeur dressés, autres doigts repliés ; le majeur a un mouvement circulaire horizontal au niveau de l'oreille.

Ces signes peuvent être combinés avec un pointage effectué par l'index dressé vers l'interlocuteur ou vers soi pour signifier : « toi, tu es sourd », ou « moi, je suis entendant », comme ci-dessous.

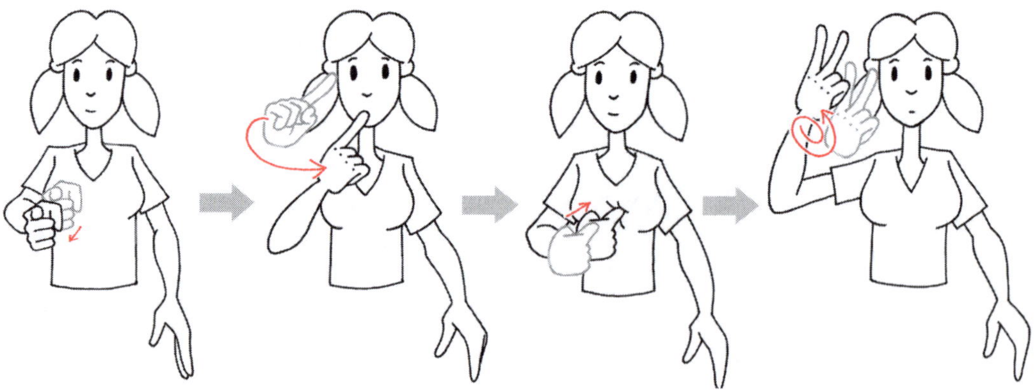

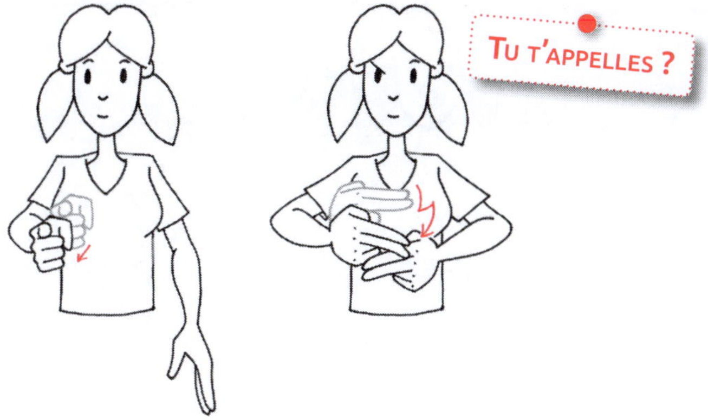

Le premier signe est un pointage avec l'index vers l'interlocuteur : « tu » ou « toi ». Pour le deuxième signe, l'index et le majeur sont dressés et serrés, les autres doigts sont repliés. La main du dessus vient taper deux fois l'autre main au niveau de la deuxième phalange. Il signifie : s'appeler. Les deux signes veulent donc dire : toi, tu t'appelles. Avec les cils froncés – regard interrogateur, la phrase est une question : Comment t'appelles-tu ? Le pointage n'est pas obligatoire : sans marque particulière, la première personne est présupposée ; la deuxième personne peut également être indiquée sans pointage, par un regard appuyé vers l'interlocuteur.

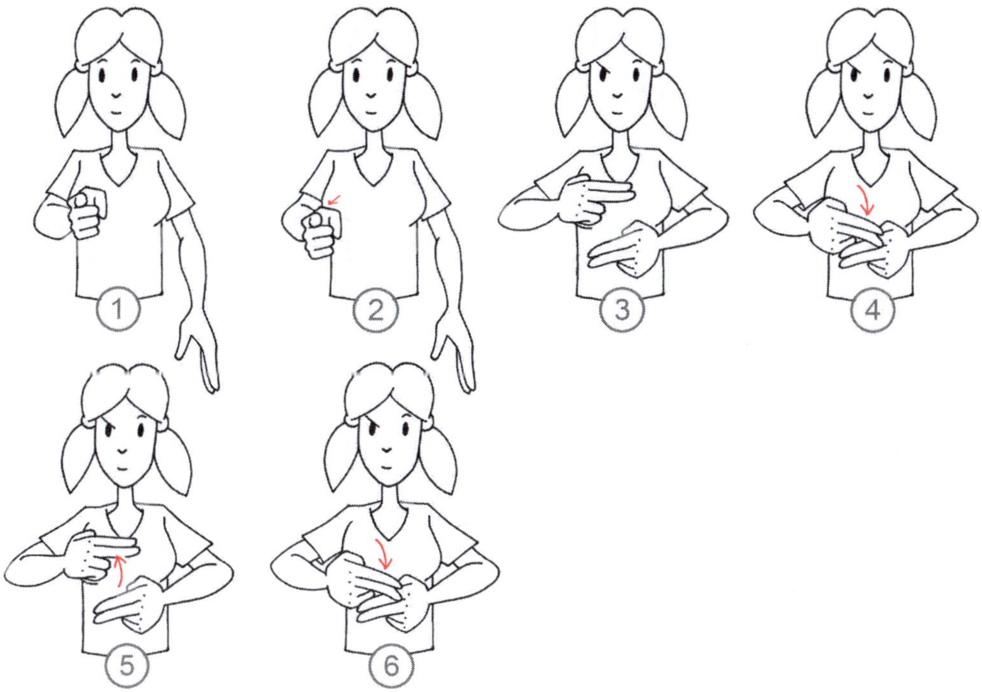

Je m'appelle Mon prénom est...

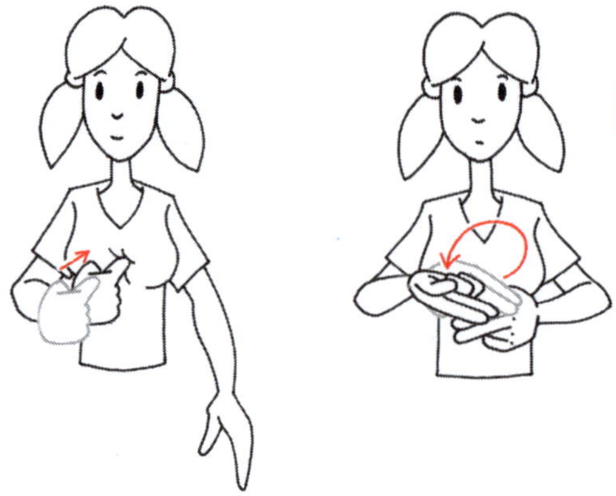

Les deux mains ont la même configuration que pour le signe « s'appeler », et la main dominée a le même emplacement – elle ne bouge pas. La main dominante fait un mouvement de rotation toujours au niveau de la deuxième phalange. Il signifie :« prénom ».

Ces deux signes peuvent être une réponse à la question précédente : moi, mon prénom est... (puis vous enchaînez en épelant votre prénom en dactylologie).

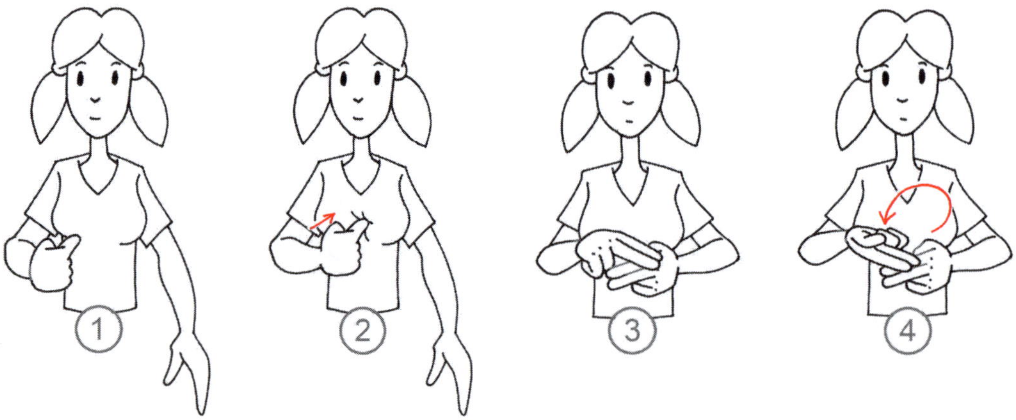

Toutes les personnes qui fréquentent la communauté des sourds et toutes les personnes célèbres dont parlent les sourds ont un nom en signes. Il s'agit souvent d'un trait caractéristique : trait du visage, particularité corporelle, tic, démarche, trait de caractère, habitude, etc. L'entendant qui fréquente cette communauté se voit ainsi attribuer un signe. Le fait, éventuellement, d'être nommé par un trait qui pourrait paraître négatif (malformation, cicatrice, mauvais caractère...) n'est pas péjoratif : il s'agit d'une manière visuelle de percevoir la réalité à travers des traits « saillants » (on parle de « synecdoque »).

3 Langue visuelle

1. Pensée visuelle

La langue des signes est liée à la pensée visuelle. Il s'agit d'une forme de pensée qui ne s'appuie pas sur les mots, mais sur les images. Lorsque l'on souhaite connaître l'heure qu'il sera une demi-heure après 15h15, on peut calculer : 15 + 30 = 45 – il sera donc 15h45 ; ou bien se représenter mentalement une horloge, y placer les aiguilles à 15h15, puis, sachant qu'une demi-heure = un demi-tour de cadran, déplacer l'aiguille d'un demi-tour, et regarder le résultat : 15h45.

La pensée visuelle est la base de nombreuses formes d'expression : dessins, schémas, bandes dessinées, cinéma... Et l'on trouve effectivement beaucoup de points communs entre ces formes d'expression et la langue des signes : par exemple, certains processus grammaticaux en langue des signes sont comparables à des techniques cinématographiques – plongée, contre-plongée, zoom, champ-contrechamp, ralenti, etc.

Développer ses compétences dans le domaine de la pensée visuelle est ainsi une aide pour l'apprentissage de la langue des signes, que ce soit pour comprendre des énoncés exprimés dans l'espace ou pour trouver des formes d'expression permettant de traduire dans l'espace ce que l'on souhaite dire.

Pour travailler la pensée visuelle, on peut étudier les techniques utilisées dans les bandes dessinées, les story-boards, le cinéma... Plus simplement, il s'agit d'abord de prêter attention à tous les détails visuels des objets, animaux, personnes qui nous entourent.

Par exemple, dans un groupe ou une assemblée, cherchez un trait visuel spécifique qui permet d'identifier chaque personne – cela peut être :

- un trait physique
  - forme du visage
  - forme des oreilles
  - forme du nez...
  - la taille
  - la morphologie
  - la chevelure...
- un élément du vêtement
- un tic
- une posture
- etc.

La difficulté de l'exercice est de trouver rapidement un trait visuel – et un seul – qui, lorsqu'on l'évoque, fait deviner de qui l'on parle. Lors d'une discussion avec une personne sourde, Il s'agit de la première solution permettant de signifier un mot dont on ne connaît pas le signe : l'évoquer par un trait visuel caractéristique. La personne sourde peut alors, comprenant ce qui est évoqué, donner le signe exact à son interlocuteur.

2. Exercice

Regardez les chiens ou chats que vous croisez, et relevez quelques traits visuels qui permettent d'identifier chacun de ces animaux :

- taille
- profil (longiligne, trapu, molossoïde...)
- poils (longueur et emplacement)
- forme du museau, du front, de la truffe...

- taille et forme des oreilles
- taille et forme de la queue
- éventuellement forme des dents, des yeux, des pattes...
- démarche...

Puis entraînez-vous à exprimer ces caractéristiques visuelles gestuellement.

Prenons deux exemples de chiens de races différentes.

Par quels traits visuels peut-on caractériser chacun, et comment reproduire ces traits gestuellement ?

Ainsi, pour caractériser le premier type de chien, on peut retenir :

- ses oreilles
- son museau
- sa queue
- son torse
- ses pattes

et montrer gestuellement ces formes.

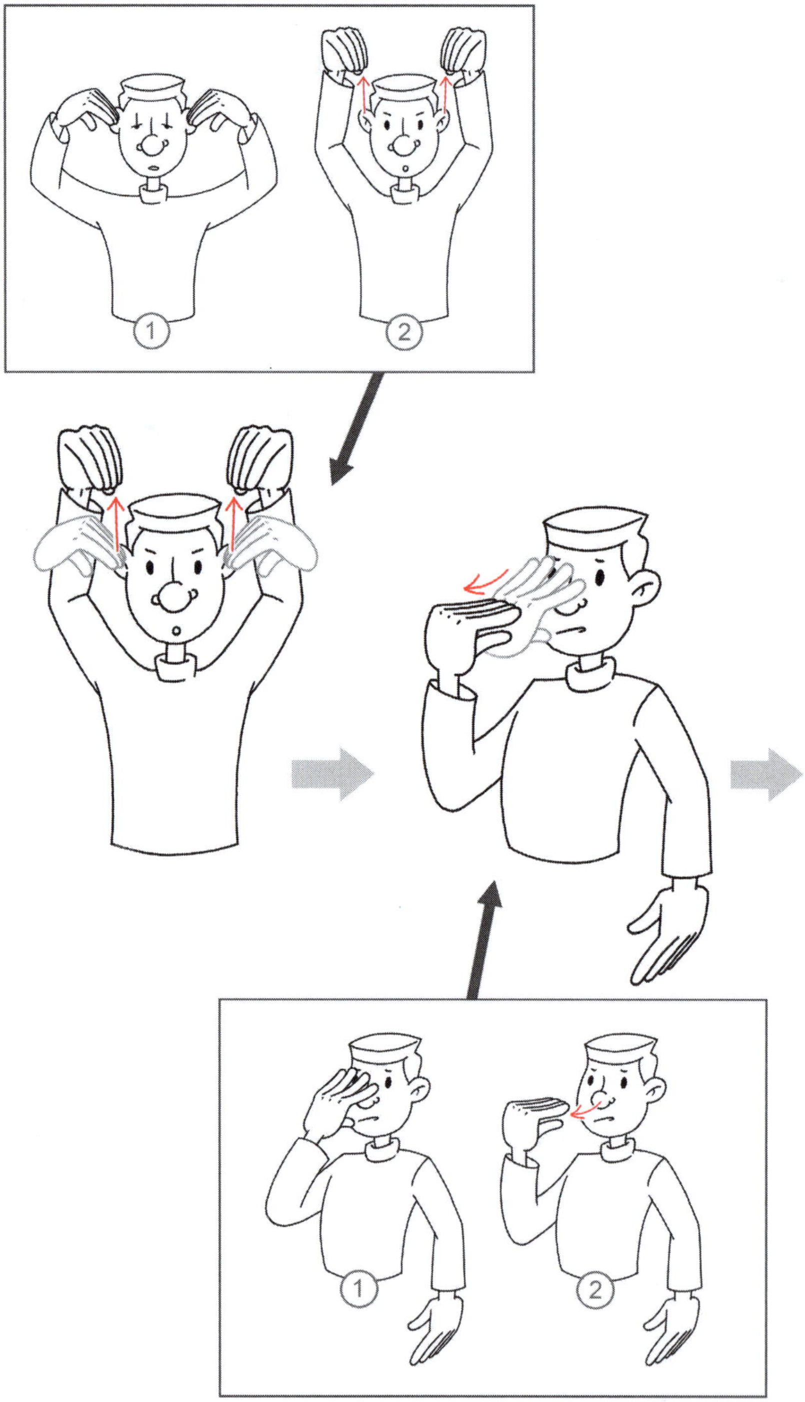
1
2
1
2

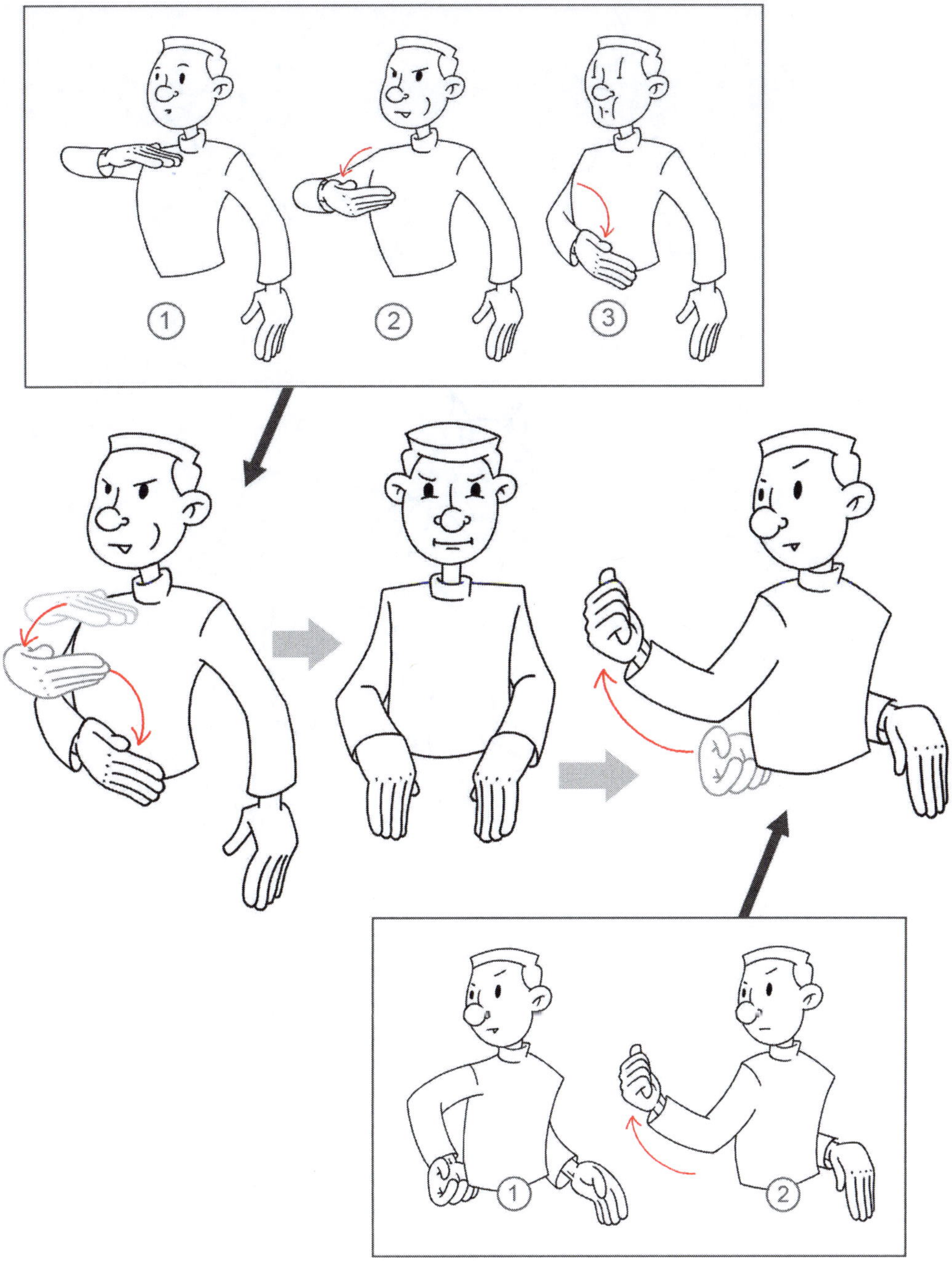
1
2
3
1
2

Ces signes sont tirés d'une histoire comique racontée par Guy Bouchauveau : https:/ /www.youtube.com/watch ?v=Rh RxqehQkMA

De même, pour un chien de type bouledogue, on peut retenir :

- ses oreilles
- sa queue
- son museau
- sa dentition
- ses pattes

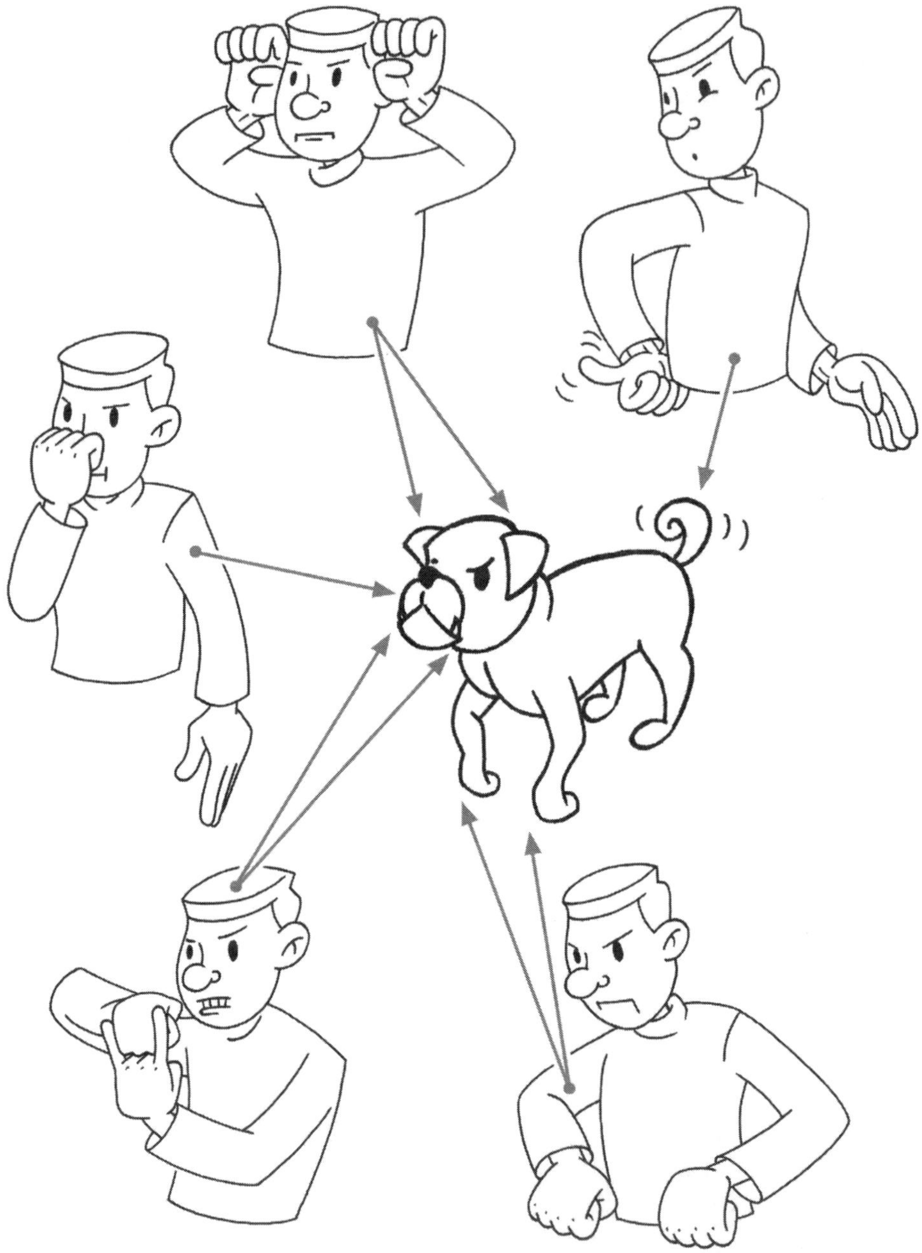

Il est ainsi possible de parler de (de signer) n'importe quel animal, objet, personne, idée... sans utiliser le signe « standard », celui que l'on trouve dans les dictionnaires de signes. Cette manière plus visuelle de s'exprimer est souvent utilisée lors des récits, contes, histoires comiques, poésies... Elle nécessite une maîtrise de la perception et de l'expression visuelles et gestuelles.

4 Exercice : les animaux

Âne

Chat

Chien

Entraînez-vous à décrire ainsi gestuellement les animaux. Pensez à leurs traits caractéristiques : les cornes de la vache, la crête du coq, les oreilles du lapin, du cochon ou de l'âne, le bouc de la chèvre, la queue du chien, les moustaches du chat...

Ou encore la trompe de l'éléphant, les rayures du zèbre, le cou de la girafe, le bec de l'aigle, les yeux du hibou, la mâchoire du crocodile, etc.

Vous exerçant à plusieurs, vous pouvez faire deviner un animal par un ou quelques gestes, à tour de rôle.

On retrouve souvent ces traits caractéristiques à l'origine des signes de ces animaux dans le vocabulaire de la langue des signes.

Ces signes peuvent légèrement varier selon les traditions locales. Ainsi, le signe « animal » peut être réalisé à deux doigts (index/majeur) ou à quatre doigts (main plate).

Cochon

Coq

Lapin

Vache

Poulet

Mouton

Animal

Chèvre

Au revoir

La main est à plat, à la verticale. Les doigts (sauf le pouce) serrés se replient deux fois.

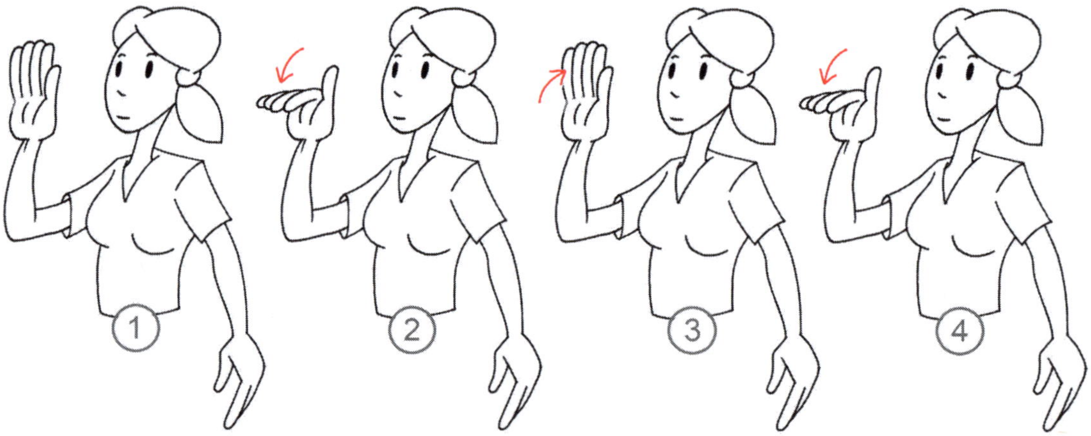

Remarque

- le signe est effectué habituellement au niveau du visage, mais il peut être réalisé plus haut ou plus bas, selon la visibilité que l'on souhaite donner au signe : il pourra par exemple être effectué plus bas pour donner un aspect plus intime, ou plus haut si l'interlocuteur est éloigné
- l'expression du visage suit le sentiment que l'on souhaite montrer : tristesse, joie...

5 Langue gestuelle

Un certain nombre d'entendants ont l'habitude de s'exprimer avec des gestes – en linguistique, on parle de « gestes co-verbaux » car ils accompagnent, illustrent la parole vocale. Même si quelques signes de langue des signes peuvent ressembler à des gestes d'entendants, il existe deux différences principales :

- les signes de langue des signes forment un message indépendant. Les gestes co-verbaux accompagnent l'expression orale et ne peuvent former à eux seuls un discours complet sur n'importe quel sujet ;
- les gestes co-verbaux sont souvent ambigus, dépendants du contexte, variables selon les personnes, et ne suivent aucune grammaire particulière.

Ces différences sont dues au fait que les signes de langue des signes ont suivi un processus linguistique propre : les signes ne sont pas formés n'importe comment, mais suivent des règles de type phonologique précises, et ils ne sont pas ordonnés au hasard mais sont soumis à des règles grammaticales strictes.

Le mime peut former à lui seul des discours longs et complexes, mais là encore, il n'existe pas de règles phonologiques ou grammaticales obligatoires : la capacité du mime à exprimer un discours dépend avant tout de l'habileté artistique de celui qui le réalise.

Développer ses compétences visuelles et gestuelles

Un exemple d'exercice pour développer ses compétences gestuelles et spatiales : Deux personnes s'assoient en face à face, avec chacune une feuille blanche et un crayon.

Elles placent entre elles une feuille pliée, un livre... permettant de cacher à l'autre sa propre feuille. La première personne dessine sur sa feuille quelques formes simples (rond, carré, triangle ..), en veillant à les disperser sur l'ensemble de la page. Puis, elle montre par gestes les formes qu'elle a dessinées, ainsi que leur emplacement sur la feuille (en haut à droite, en dessous, etc.).

Les gestes peuvent être effectués de la main droite ou de la main gauche, selon que l'on est droitier ou gaucher. L'important est de penser à tracer gestuellement l'espace de la feuille pour y placer les formes évoquées...

Si l'explication n'est pas claire, la deuxième personne peut montrer, par des gestes de la main ou un mouvement de la tête, qu'elle n'a pas compris. Attention : pour que cet exercice soit intéressant, il faut à tout prix éviter de parler...

Le partenaire reproduit sur sa propre feuille ce qu'il a compris : les formes dessinées et leur emplacement sur la feuille.

Puis les deux feuilles sont comparées : les formes et emplacements des figures dessinées par la première personne ont-ils été compris et reproduits fidèlement ?

Le même exercice est effectué en inversant les rôles. L'exercice peut être progressivement complexifié, avec de plus en plus de figures, des formes plus difficiles... Cet exercice permet de travailler à la fois l'attention visuelle et l'aptitude à s'exprimer par gestes.

6 Le transfert de personne

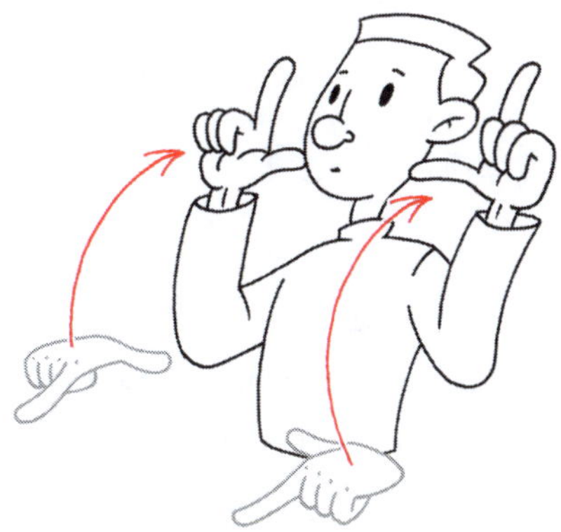

En langue des signes, il existe bien sûr un vocabulaire riche, mais il existe également une autre manière de s'exprimer, très fréquente dans l'expression des sourds, liée aux caractéristiques visuelles de cette langue, et qui permet de contourner le recours au vocabulaire.

Il s'agit de différentes structures dites « de grande iconicité », car elles permettent de montrer ce que l'on veut signifier. Les trois structures principales sont le transfert de personne, le transfert de taille et de forme et le transfert situationnel.

Ces structures se retrouvent dans toutes les langues des signes et sont ce qui permet la communication entre sourds de langues des signes différentes.

Le transfert de personne consiste, pour le locuteur, à prendre le rôle d'un personnage du discours. Ce rôle peut être celui d'un humain, un animal, voire un objet.

Le locuteur « disparaît » complétement : toutes les expressions qu'il prend correspondent à celles du personnage transféré, ainsi que toutes ses attitudes, tous ses gestes... Le regard du locuteur est aussi celui du personnage : il ne s'adressse pas à l'interlocuteur, mais aux autres actants que le personnage rencontre. Lorsque le locuteur regarde de nouveau son interlocuteur, le transfert personnel s'arrête. Le locuteur peut prendre successivement différents rôles. Racontant un dialogue entre deux personnages, le locuteur peut endosser à tour de rôle chacun des deux personnages. Chacun des deux se voit assigner une place dans l'espace de signation, et les différents paramètres (orientation, mouvement...) sont adaptés à ces emplacements. Par exemple, un personnage est placé sur la droite de l'espace de signation, et l'autre sur la gauche. Lorsque le locuteur tourne ses épaules d'un côté et signe vers le côté opposé, il endosse le rôle du personnage placé là ; puis, lorsque l'autre personnage doit prendre la parole, le locuteur tourne simplement ses épaules et oriente ses signes dans l'autre sens. Il n'est pas nécessaire de rappeler le nom des deux personnages : leur emplacement et l'orientation des signes suffit.

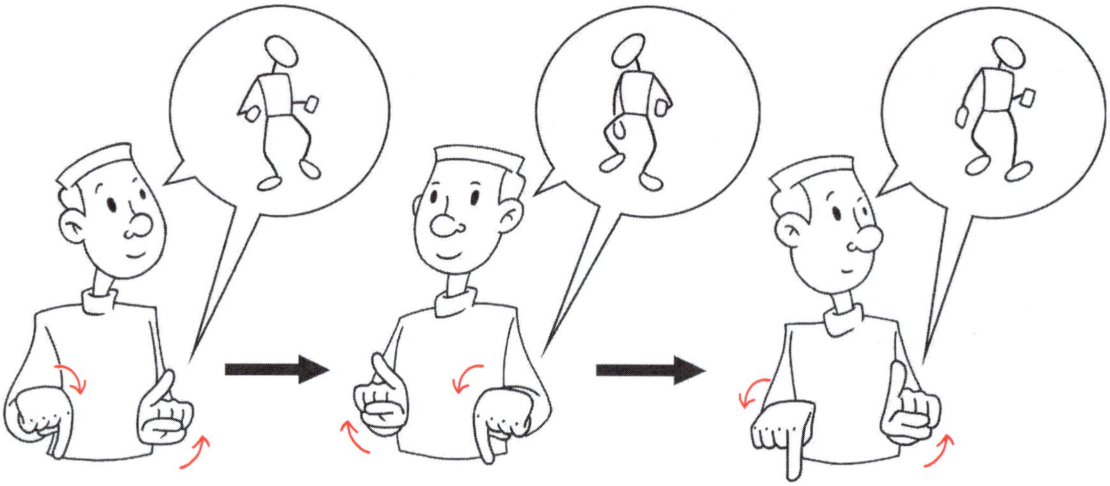

Transfert de PERSONNE

Recourir au transfert personnel a différentes motivations :

- l'expression en transfert personnel est plus simple à signer, plus facile à réaliser. En effet, beaucoup de signes partent de ou arrivent à l'emplacement du locuteur. La prise de rôle permet d'énoncer les verbes en limitant leur changement d'orientation et d'emplacement, évitant également de multiplier les pointages ou autres références au personnage dont on parle. Réaliser ces mêmes signes à partir de ou vers un autre emplacement de l'espace de signation peut demander un peu plus d'effort cognitif et/ou articulatoire (gestuel).
- l'expression en transfert personnel est plus facile à comprendre. En effet, en évitant de multiplier les emplacements ou pointages d'une part, et en réduisant temporairement le nombre de personnages pouvant prendre la parole (uniquement le personnage transféré), le discours est plus aisé à suivre.

Dans quelques cas, le recours au transfert personnel est obligatoire, notamment lorsque la situation évoquée est absurde. Christian Cuxac prend l'exemple de l'énoncé : le chocolat mange le garçon. Un tel énoncé ne peut être produit en signes standards en raison de blocages sémantiques. Le recours au transfert personnel est alors nécessaire.

En outre, le transfert personnel permet ou rend plus aisée une grande variété d'effets de style, notamment par ses combinaisons avec d'autres formes de transferts.

7 Le transfert de taille et de forme

Pour le « transfert de taille et de forme » (TTF), il s' agit de décrire visuellement un personnage, un animal, un objet, un paysage... en présentant, par la forme et le mouvement des mains, les traits visuels caractéristiques de ce que l'on décrit. Cette forme d'expression très iconique permet une richesse et une finesse de figurations inouïes. Ainsi, par exemple, un chien pourra être évoqué en montrant sa forme générale, la forme de son museau, de sa queue, de ses poils, par sa démarche... et ceci sans jamais utiliser le signe « chien ».

Cette manière de s'exprimer est souvent utilisée dans les récits, les contes, les histoires drôles, la poésie... car elle permet :

- de présenter un personnage ou un élément du récit de manière beaucoup plus précise et fine que par le vocabulaire habituel
- de fixer l'attention sur un détail visuel qui pourra prendre de l'importance dans la suite du récit
- de faciliter les traits d'humour ou poétiques, par exemple en minimisant ou exagérant tel ou tel trait
- de s'exprimer de manière plus personnelle.

Ce mode d'expression peut également être utilisé dans les discours quotidiens, par exemple :

- pour évoquer une personne dont on ne connaît pas le signe ou qui n'a pas de signe
- pour décrire un chemin, un trajet, un plan, une forme...
- ou encore pour préciser un point qui n'a pas été assez clair par le discours « standard ».

Les transferts de taille et de forme s'insèrent dans un discours standard, soit brièvement pour évoquer un trait particulier, soit de manière développée pour décrire toute une scène. Durant les transferts de taille et de forme, le regard du locuteur se porte sur la forme en train de se déployer.

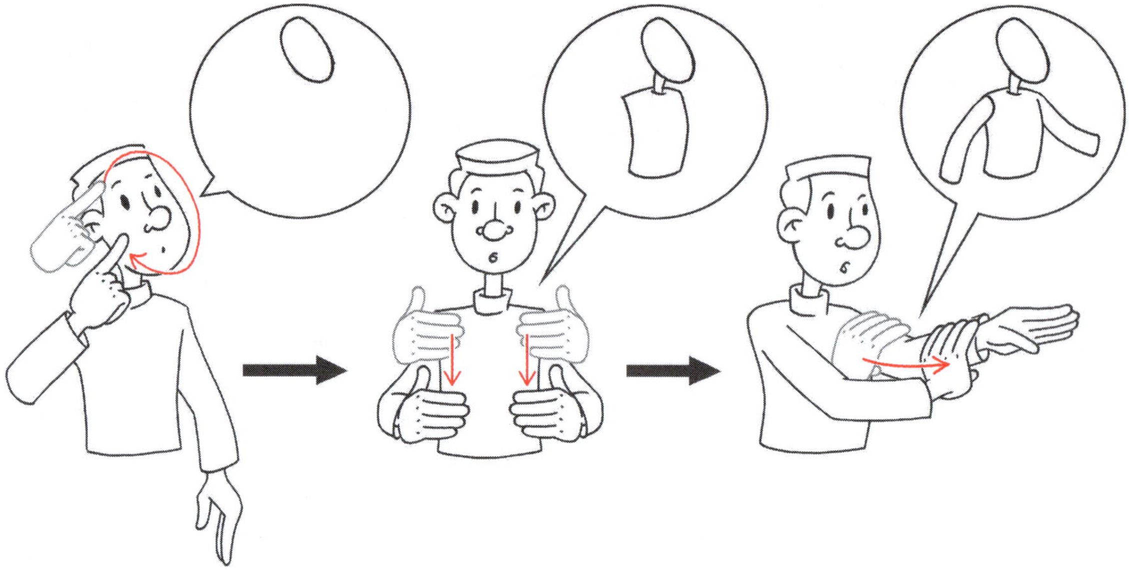

Transfert de TAILLE, FORME

Selon Christian Cuxac, ces transferts se composent :

1. d'une configuration de la main (ou des mains) indiquant une forme de base,
2. d'un mouvement et d'une orientation de la main (ou des mains) signifiant le déploiement de cette forme dans l'espace,
3. d'un emplacement de départ du déploiement qui peut être soit :
   a. un endroit du corps du locuteur,
   b. l'espace neutre situé devant lui,
   c. un signe du lexique standard précédemment émis,
   d. la main dominée figurant une forme de base à partir de laquelle la forme décrite par la main dominante se déploie (et c'est le cas le plus fréquent).

Dans l'exemple ci-dessus, pour décrire un personnage, le locuteur peut, selon les cas, désigner la forme de son visage (plutôt rond, ovale...), la forme de son torse (ses abdominaux, sa bedaine...), la forme de ses bras (ses biceps ou leur apparente absence...), etc. Un ou deux traits pertinents permettront de faire comprendre à l'interlocuteur qui le locuteur évoque.

Un bon exercice pour progresser en langue des signes : s'entraîner à décrire par quelques gestes précis et bien choisis tous les objets ou personnes qui nous entourent. Ces gestes pourront porter sur la forme globale de l'objet ou sur la forme d'une de ses parties caractéristiques. Souvent, la taille est décrite dans le même geste que sa forme : l'écart entre le pouce et l'index ou entre le pouce et les autres doigts permet, par exemple, d'évoquer l'épaisseur d'un objet.

8 Le transfert de situation

Le transfert situationnel consiste à présenter une scène comme vue de l'extérieur : le déplacement d'un objet ou d'un personnage par rapport à un repère stable.

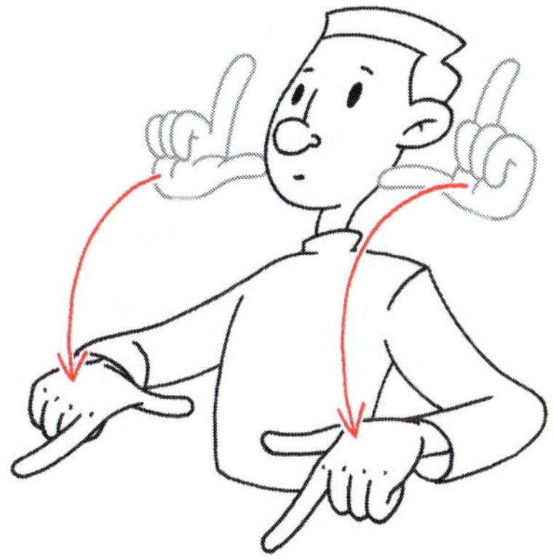

Dans l'exemple ci-dessous, la main dominante (ici la droite) figure un humain sur ses deux jambes (on appelle cette figure un proforme – voir plus loin) ; la main dominée présente les tracés d'un passage piéton. Le transfert de situation montre le piéton traversant sur ce passage piéton. Le visage du locuteur est neutre : il regarde la scène et ne montre pas les sentiments du personnage évoqué.

La spatialisation de la langue des signes permet de montrer aisément toutes les informations en deux ou trois dimensions. Dans l'exemple ci-dessous, il est facile de signer précisément le déplacement du personnage : traverse-t-il exactement au milieu du passage piéton, ou un peu à gauche ou à droite, ou suit-il un trajet non linéaire, revient-il en arrière... ? Le mouvement du proforme peut être aussi plus complexe si le personnage saute, enjambe, hésite, recule...

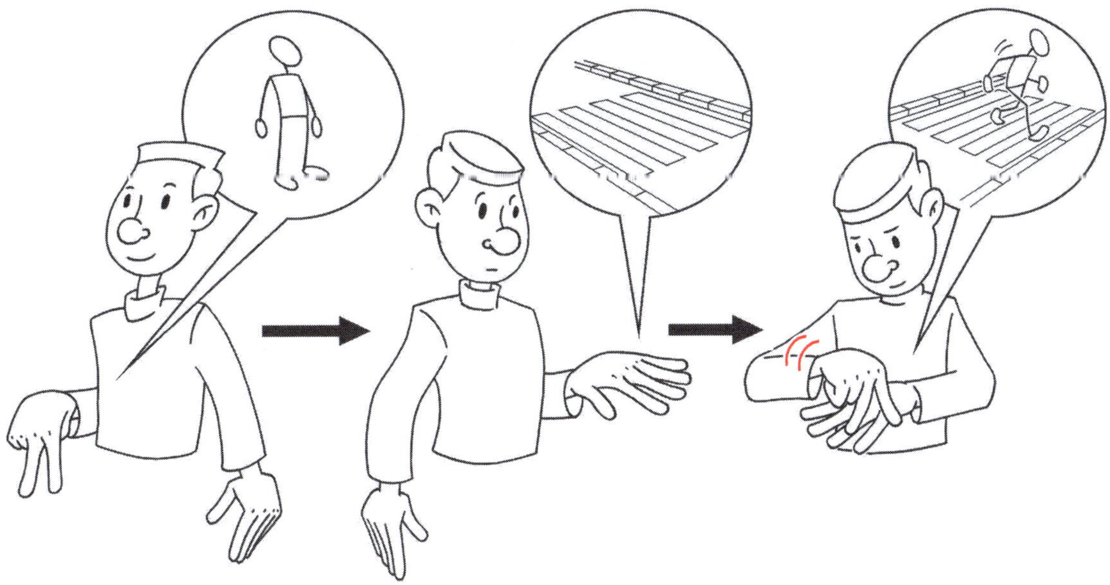

Transfert de SITUATION

Les transferts peuvent se combiner. Ainsi, un transfert personnel peut être effectué en même temps qu'un transfert situationnel. Il devient alors un double transfert. Le but est toujours de décrire une scène, en l'occurrence le déplacement d'un objet, d'un animal ou d'un personnage par rapport à un repère, mais dans le double transfert, le locuteur prend le rôle du personnage dont il parle : ses expressions du visage, le mouvement de ses épaules... reproduisent celles du personnage.

Les transferts situationnels sont assez fréquents, car ils permettent de visualiser aisément tout type de trajet, de déplacement, de situation. Les doubles transferts sont souvent utilisés dans les récits : ils rendent ceux-ci plus vivants, montrant un personnage en pleine action, confronté à tel obstacle, parcourant tel trajet...

Il existe bien d'autres combinaisons de transferts, comme les semi-transferts personnels qui introduisent un signe standard dans un récit en transfert personnel pour ajouter un commentaire sur l'action ou le personnage en question. Pour une description plus complète, voir la thèse de Marie-Anne Sallandre, référencée dans la bibliographie.

Ainsi les discours en langue des signes sont un jeu permanent, un va-et-vient entre les différentes structures à disposition : lexique standard, transfert de taille et de forme, transfert personnel, transfert situationnel, double transfert...

Le choix entre ces différentes structures dépend de différents facteurs :

- le contenu de ce que l'on veut énoncer : un récit, un conte, un fait divers se prêtent plus aux transferts qu'un bilan comptable ou une recette de cuisine...
- le style de présentation que l'on souhaite mettre en avant : utiliser les transferts peut rendre un récit plus vivant, mais le locuteur peut vouloir, dans telle ou telle circonstance, tenir plutôt un discours froid, distant
- l'habileté du locuteur : certains transferts sont des structures linguistiques fines, complexes, qui nécessitent une grande maîtrise de la langue des signes. Un locuteur ne disposant pas de cette maîtrise s'exprimera plus souvent en signes standards.

Nous avons évoqué, en début de livre, les parallèles entre la langue des signes et les autres formes d'expression visuelle comme la bande dessinée ou le cinéma. À propos des transferts, Christian Cuxac écrit : « Ce qui est donné à voir, dans le cadre du traitement narratif est assez semblable aux successions de plans caractéristiques du traitement narratif cinématographique et où les structures minimales linguistiques de la LSF auraient pour analogues : transferts de forme = gros plans avec balayage de la caméra, transferts situationnels = plans séquences, transferts personnels (et changements de rôles) = plans américains (et succession de plans sur les différents acteurs). »

9 Les jours de la semaine

Lundi

Pouce et index dressés, en forme de L, ont un mouvement de rotation sur le plan frontal.

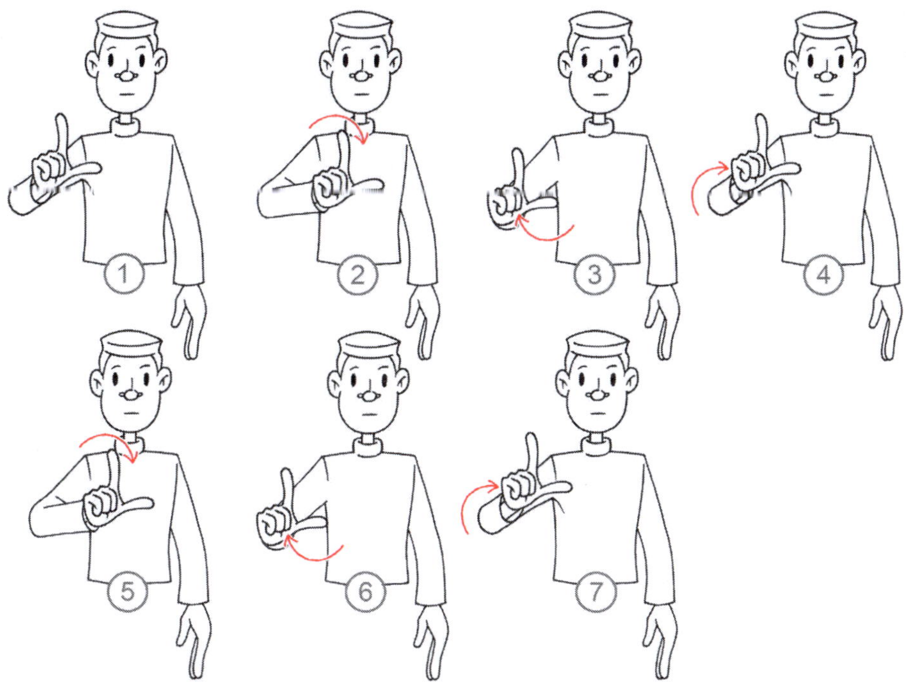

Mardi

Index et majeur ont un mouvement de haut en bas.

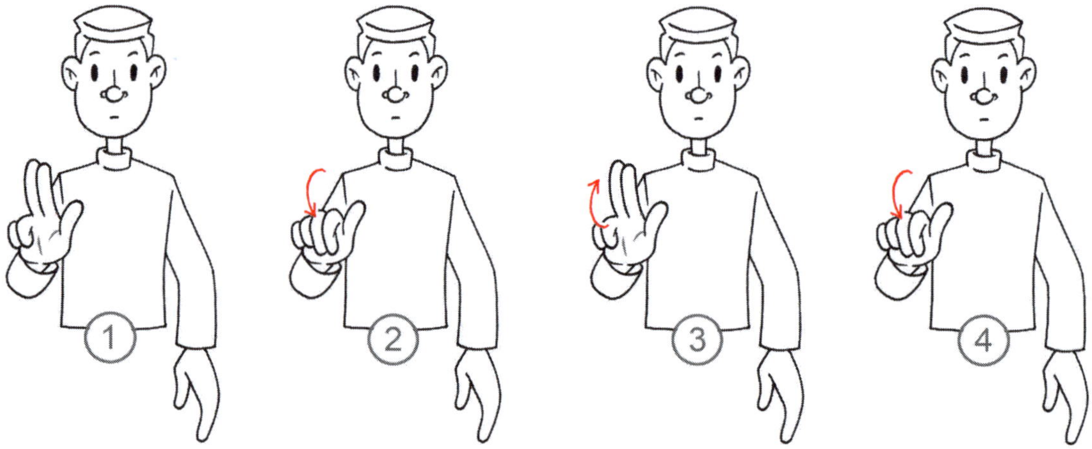

Remarque

Il existe différents signes pour les jours de la semaine : l'histoire de la langue des signes au XXe siècle a favorisé le développement de communautés locales, liées aux établissements spécialisés et aux associations. Des signaires (vocabulaires de signes) locaux quelque peu différents ont ainsi été répandus.

Mercredi

Les doigts joints sont tournés vers le haut (E), avec un mouvement de rotation du poignet.

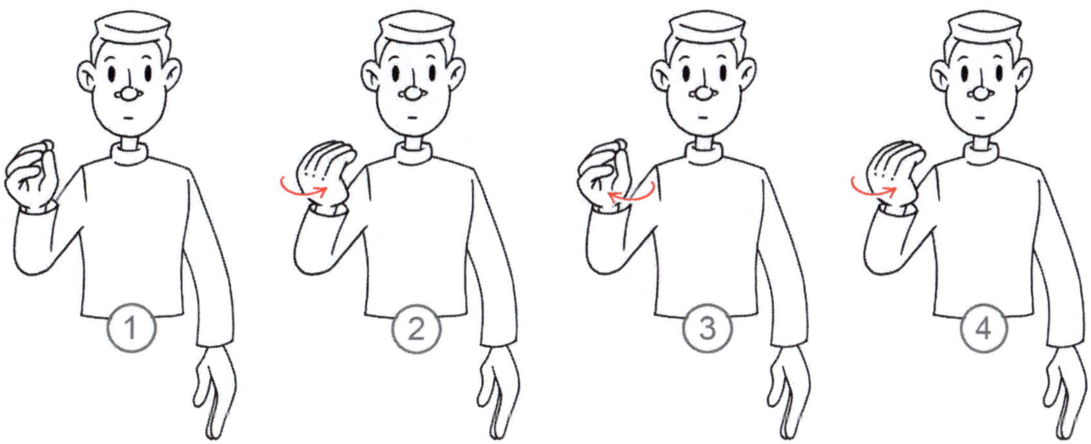

Remarque

Cette diversité des signes régionaux peut gêner les débutants : on apprend tel signe et un autre signe est utilisé en conversation. Pourtant, une telle diversité de vocabulaire existe dans toutes les langues et par la suite, lorsque l'on connaît les principes de formation des signes, il n'y a pas de grande difficulté à comprendre et utiliser des signes différents.

Jeudi

Pouce et petit doigt dépliés (J) suivent un mouvement de rotation du poignet.

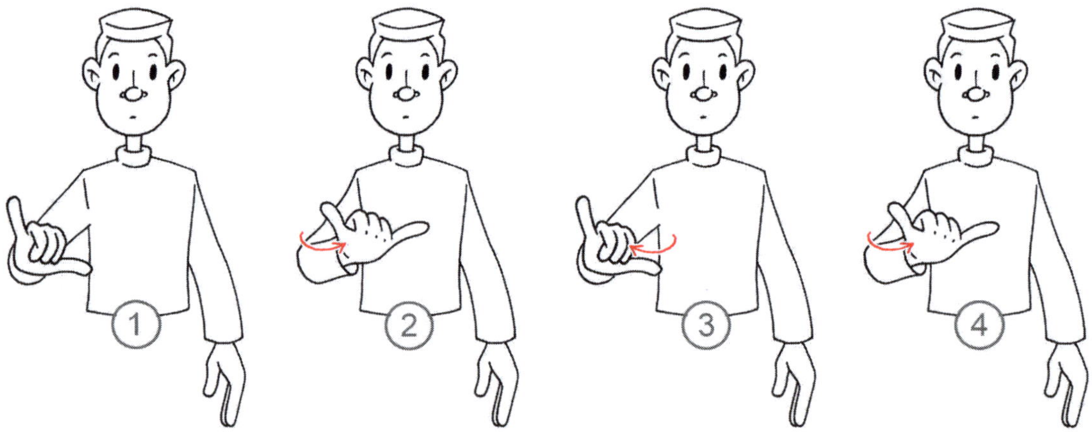

Remarque

Depuis la reconnaissance de la langue des signes, sa diffusion auprès des entendants et surtout l'apport des nouvelles technologies, ces signaires régionaux ont tendance à s'unifier. Ainsi, pour les jours de la semaine, on reprend généralement les signes basés sur l'alphabet dactylologique (voir plus loin).

Vendredi

Index et majeur écartés, en forme de V, suivent un mouvement de rotation sur le plan frontal.

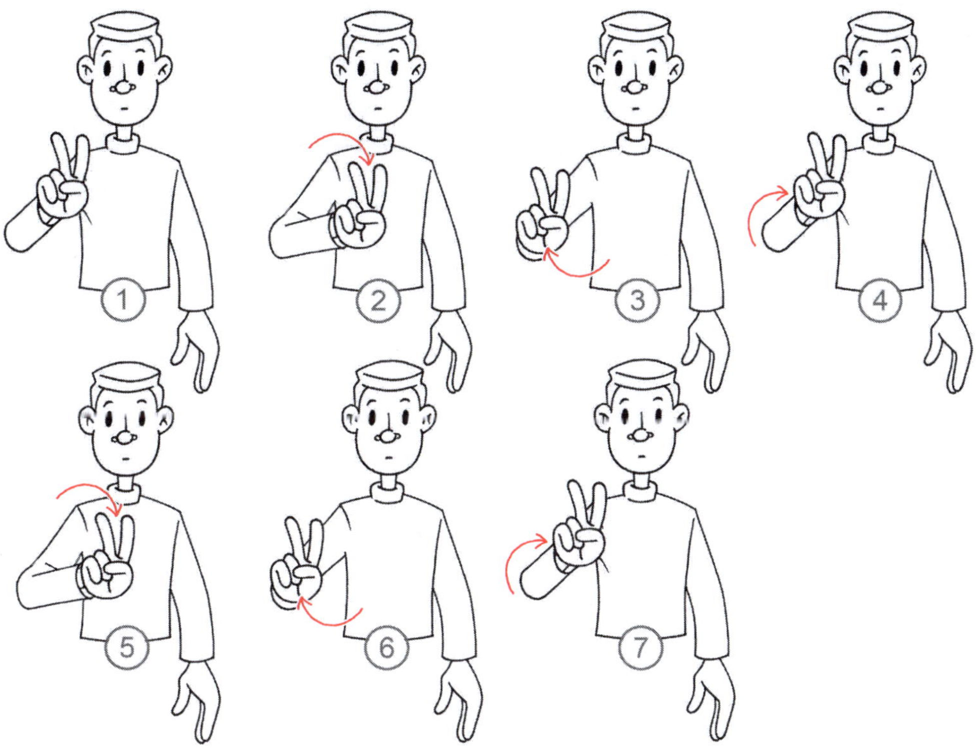

Samedi

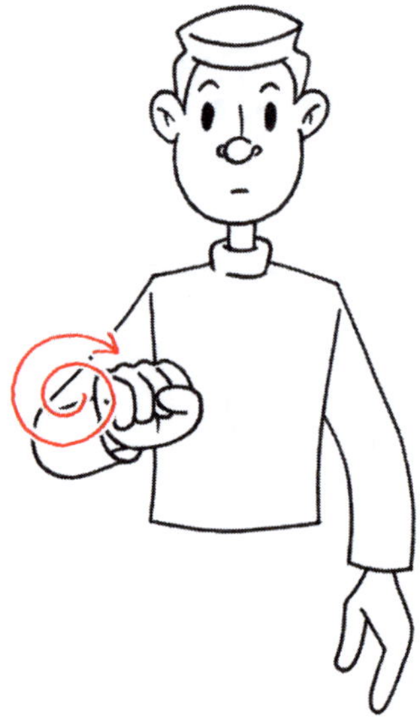

Le poing fermé (S) suit un mouvement de rotation sur le plan frontal.

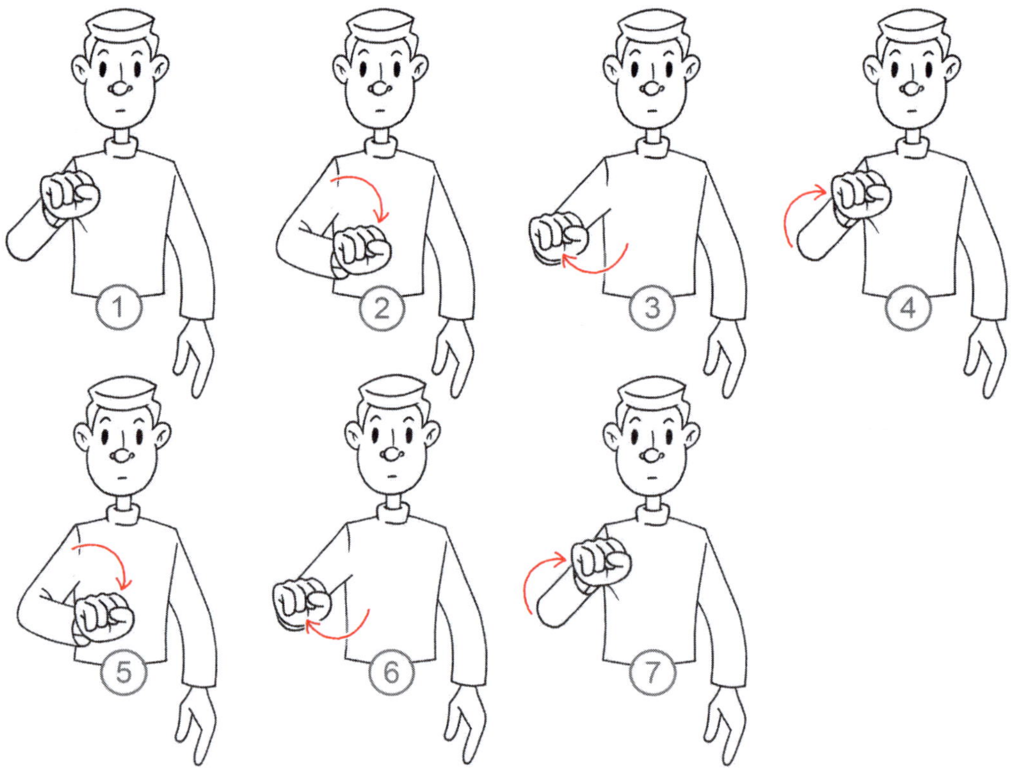

Dimanche

La lettre D de l'alphabet dactylologique suit un mouvement de rotation sur le plan frontal.

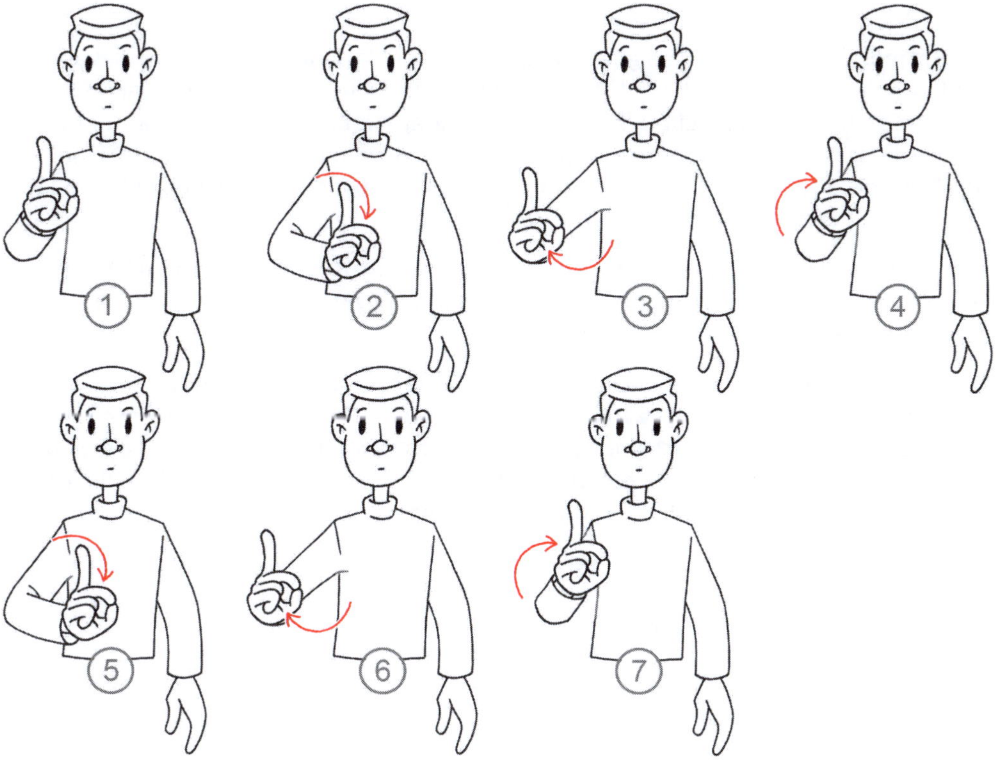

Oui et non

L'affirmation est signifiée par le signe ci-dessus : l'index et le pouce en forme de 0, les autres doigts dépliés, avec un mouvement vers le bas. Une affirmation simple est marquée par un mouvement répétitif de haut en bas ; une affirmation plus catégorique est indiquée par un mouvement unique de haut en bas, avec un geste plus ferme. La négation est marquée par un mouvement de l'index de la gauche vers la droite. Comme pour l'affirmation, un mouvement unique marque une négation catégorique.

L'affirmation et la négation peuvent aussi être signifiées par un mouvement de la tête, soit effectué seul, soit en accompagnement du signe. Le signe de la négation est réalisé, la plupart du temps, après le verbe ou en fin de proposition.

D'autres signes peuvent être utilisés soit pour présenter une nuance différente (comme une négation plus ou moins tranchée), soit pour s'adapter au contexte de la phrase (par exemple certains signes de négation accompagnent plutôt des noms que des verbes). La négation totale ou partielle peut être marquée par différents signes : des adverbes (jamais, nulle part...), des déterminants (aucun, sans...), des pronoms (personne, rien, nul...).

Certains signes incorporent la négation en formant un nouveau signe (voir plus loin). L'expression du visage est à travailler particulièrement : une infinité de nuances, tant pour l'affirmation que pour la négation, passent par le visage.

10 Les mois

Mois

Yves Delaporte cite, comme origines des signes de mois :

- Les fêtes et rituels liés à la religion catholique (carême, toussaint, noël...)
- Les rituels civils (embrassades du jour de l'an, poisson d'avril, muguet du 1er mai, 14 juillet, vacances scolaires...)
- Le cycle des saisons (froid, neige, chaleurs estivales, vendanges...)
- Les constellations du zodiaque (la plupart de ces signes ont aujourd'hui disparu). Vous pouvez essayer de deviner l'étymologie de chacun des signes suivants...

Pour connaître l'étymologie visuelle de ces signes, voir : Yves Delaporte. *Origine et évolution des termes en langue des signes française. II. Mois.* La langue des signes hier et aujourd'hui, Association SITCOM-Langue des Signes Française, 2005, n.p. <halshs-00008040>, https://halshs.archives-ouvertes.fr /halshs-00008040/document

Comme pour les jours de la semaine, les signes de mois peuvent présenter des variantes régionales.

Janvier

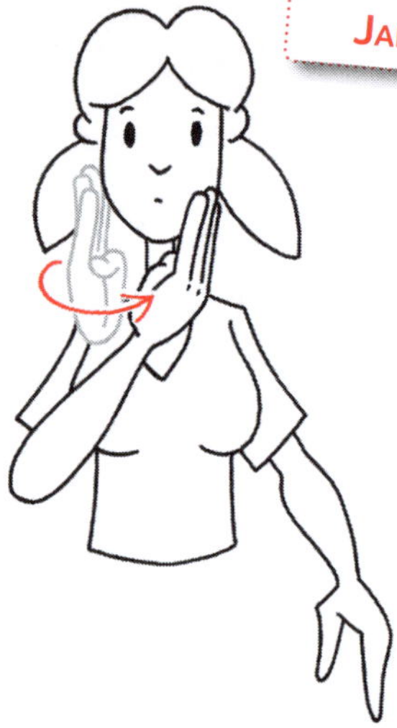

Février

Mars

Avril

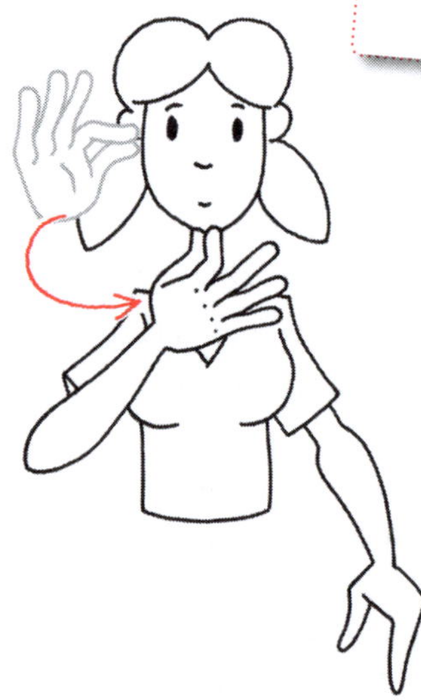

Mai

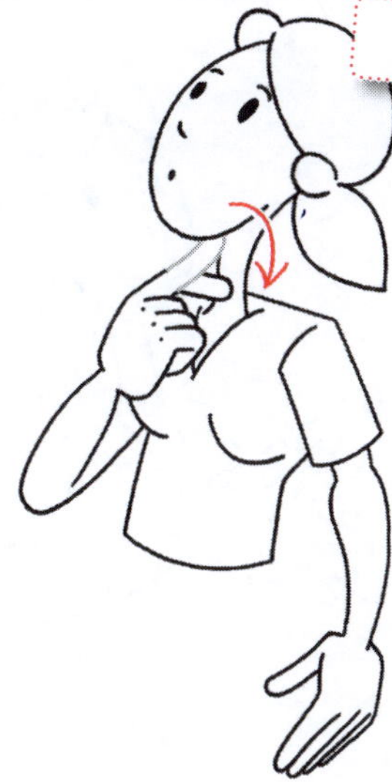

Juin

Juillet

Août

SEPTEMBRE

OCTOBRE

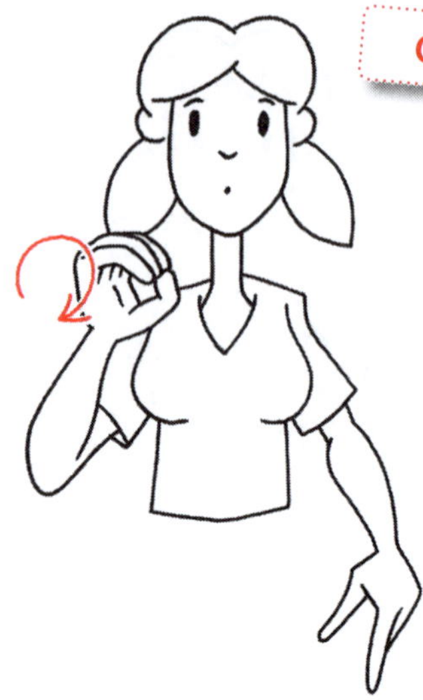

NOVEMBRE

DÉCEMBRE

11 Les chiffres

1

2

3

4

5

6

Les premiers chiffres ne posent pas de difficultés. Pour les chiffres de 11 à 15, le mouvement est vers le haut ; pour les chiffres de 16 à 19, le mouvement est vers le bas.

7

8

9

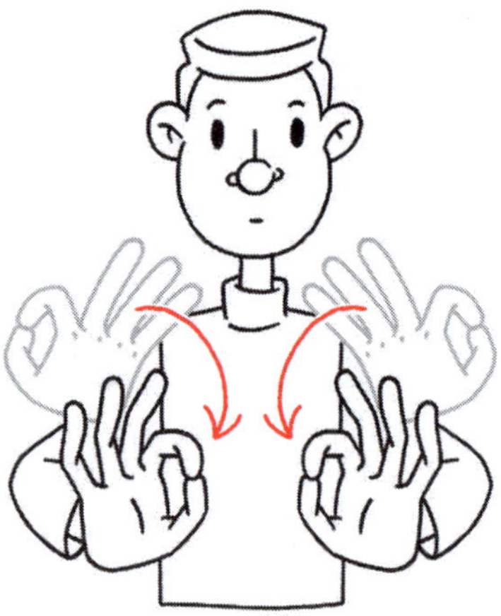

10

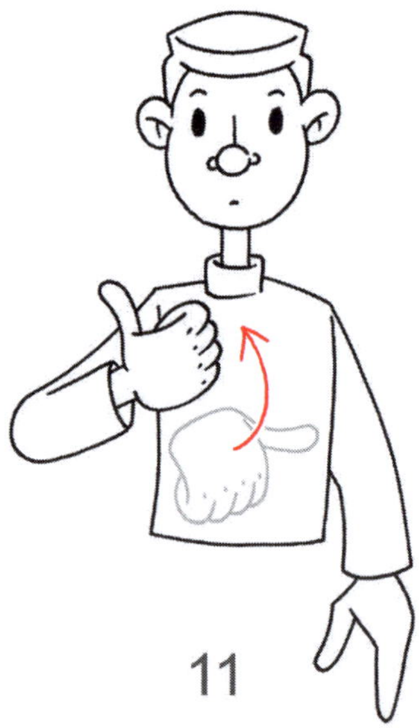

11

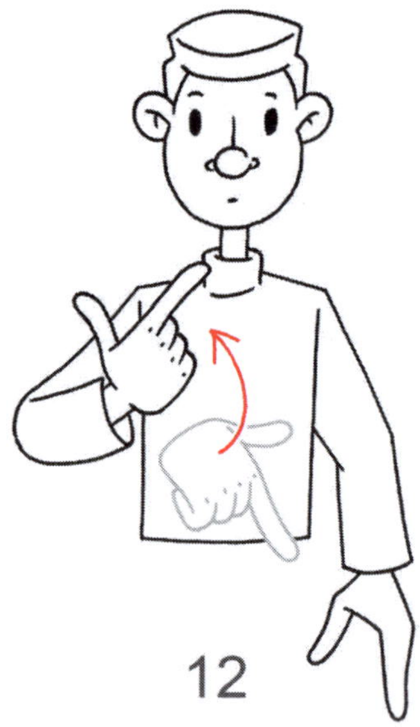

12

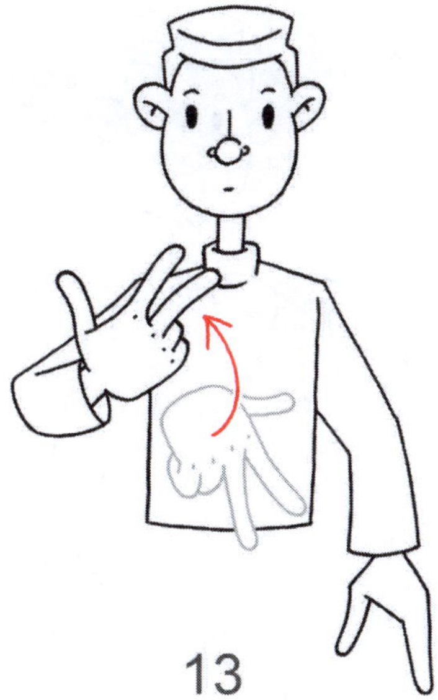

13

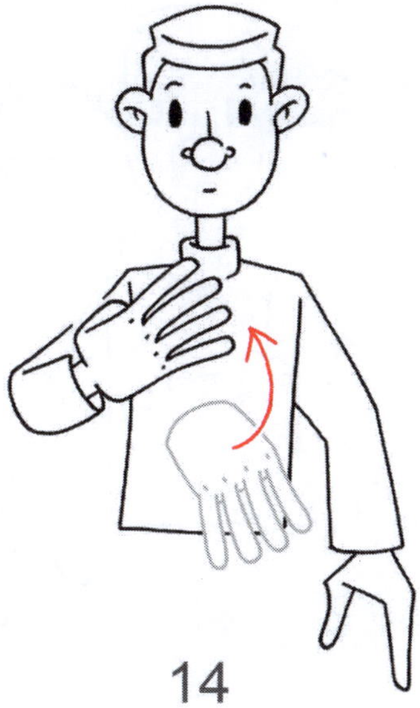

14

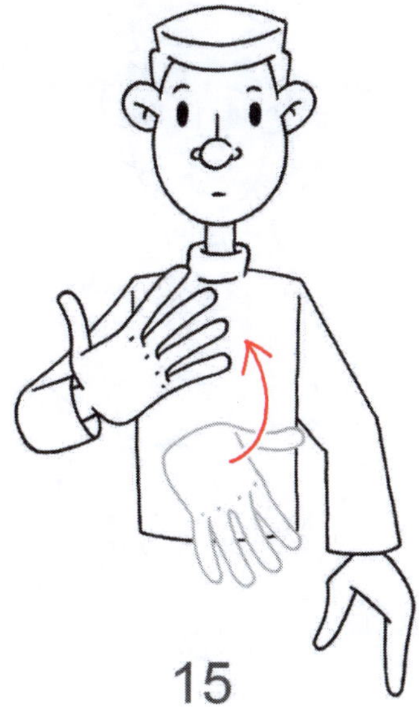

15

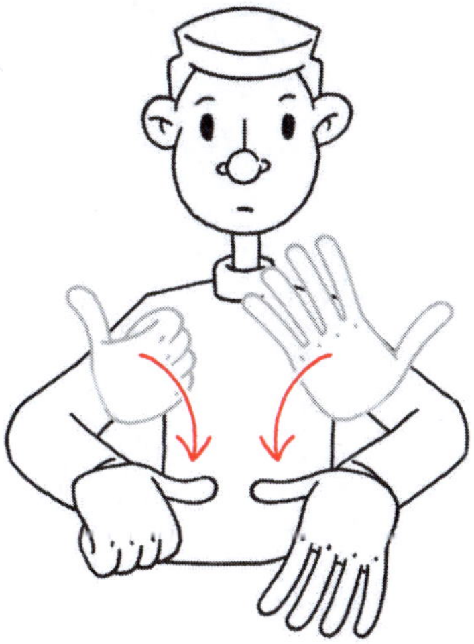

16

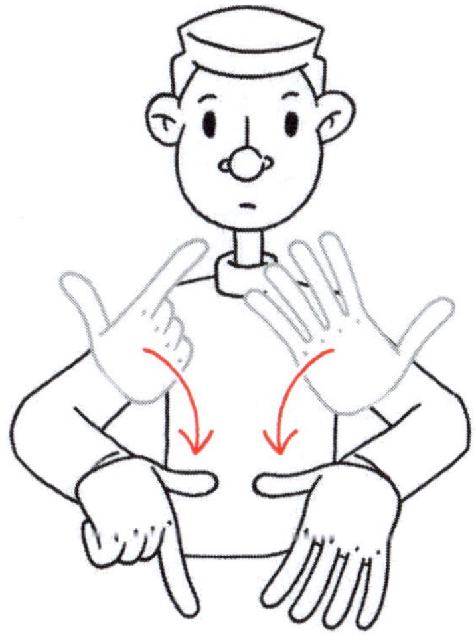

17

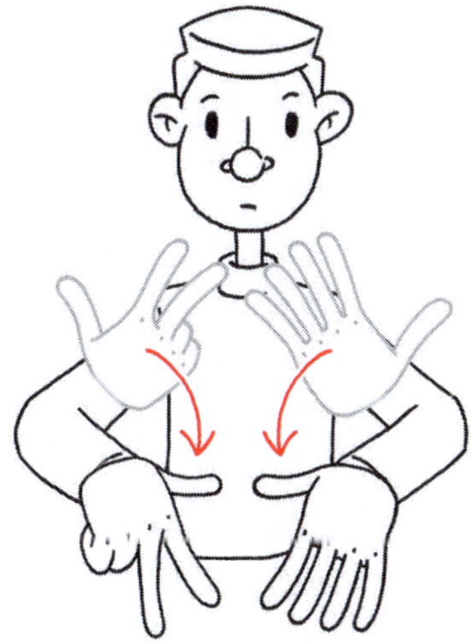

18

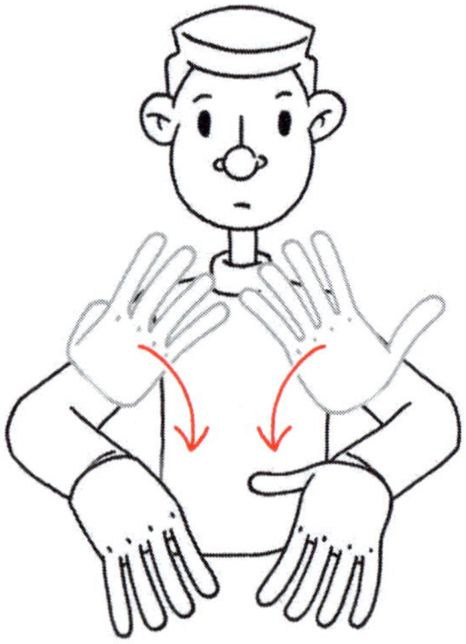

19

20

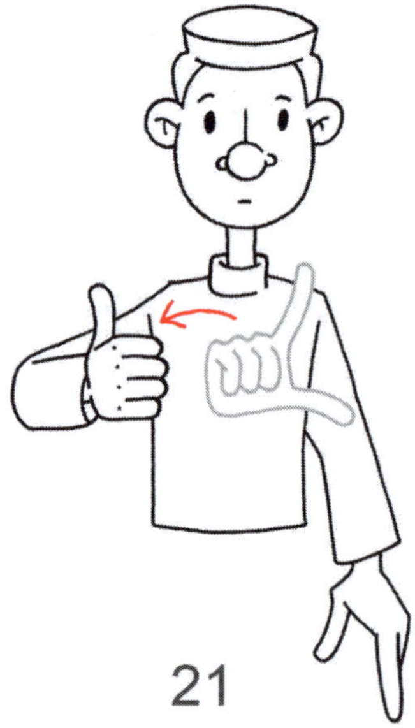

21

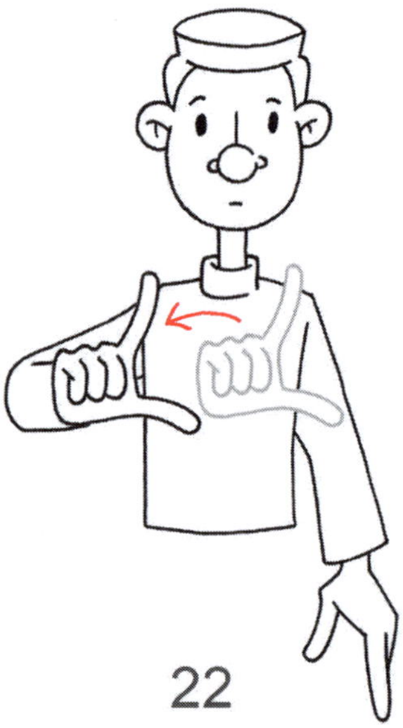

22

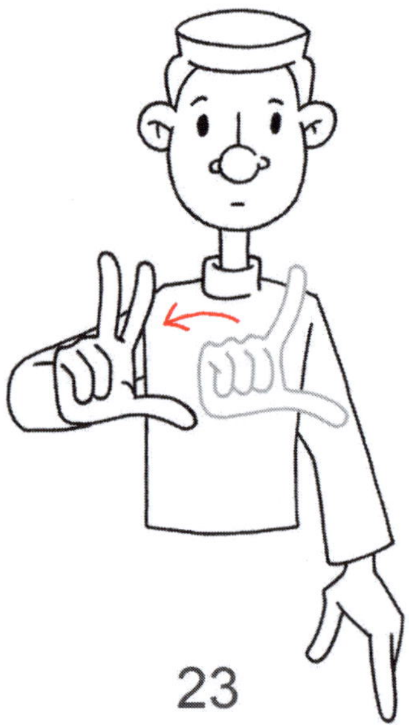

23

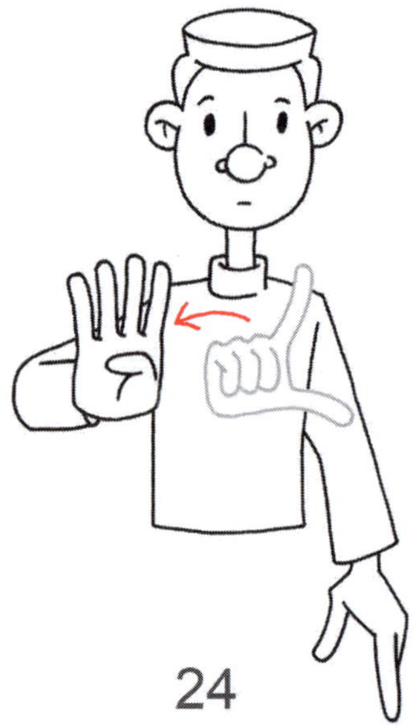

24

25

26

27

28

29

30

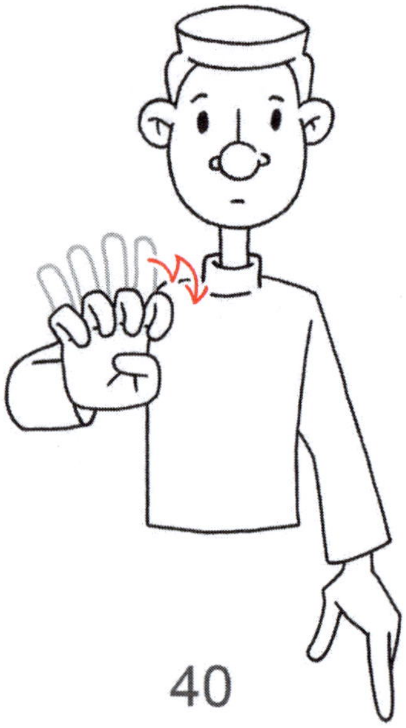

40

50

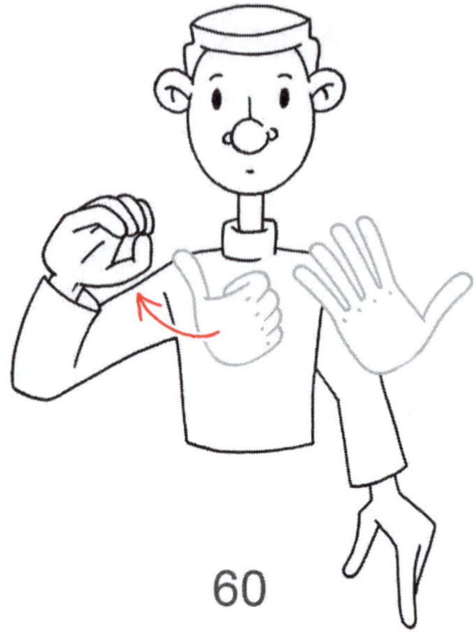

60

70

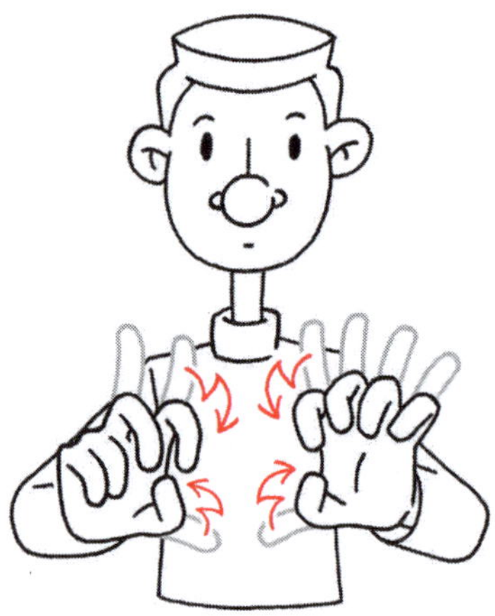

80

90

12 Le temps

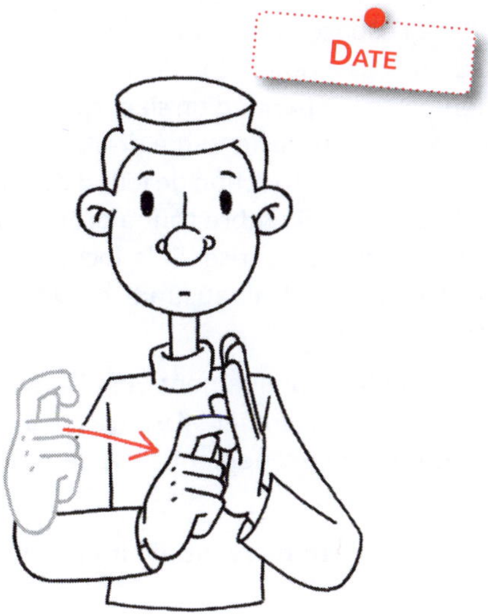

Le temps est indiqué visuellement, selon deux lignes du temps :

- une ligne du temps va d'arrière en avant. Il s'agit du temps mesuré par rapport au locuteur (ou au personnage que le locuteur incarne). Ainsi, les signes qui ont un mouvement vers l'arrière font référence au passé : autrefois, hier, auparavant... Au contraire, les signes indiquant le futur ont un mouvement vers l'avant : demain, plus tard, futur... Le signe « lundi » acccompagné d'un mouvement vers l'arrière signifie : lundi dernier, tandis qu'accompagné d'un mouvement vers l'avant, il signifie : lundi prochain.

Les signes effectués juste devant le locuteur signifient le présent : aujourd'hui, maintenant...

- une ligne du temps est placée devant le locuteur, dans l'espace de signation, ligne qui va de gauche à droite. Elle est utilisée lorsque l'on veut parler d'un temps « objectif ». L'échelle du temps utilisée dépend de la période que l'on veut évoquer. Par exemple, pour parler d'un siècle particulier, on trace cette ligne en plaçant le début du siècle tout à gauche, la fin du siècle tout à droite, et l'on peut ainsi placer, comme dans une frise chronologique, les événements en fonction de leur date. Pour parler du déroulement d'une année, on placera janvier tout à gauche, décembre tout à droite, et l'on pourra placer spatialement, visuellement, les mois tout au long de cette frise. Si le locuteur indique qu'il va évoquer une semaine, les signes placés tout à gauche auront trait au lundi, ceux tout à droite au dimanche suivant, les autres jours prenant place sur cet axe.

Ces lignes sont susceptibles de beaucoup de finesses : un léger mouvement vers l'avant sera réalisé pour signifier : très bientôt ; un léger mouvement vers l'arrière pour signifier : il y a très peu de temps ; un léger déplacement vers la gauche ou la droite pour indiquer qu'un événement s'est déroulé juste avant ou juste après tel autre.

Les mouvements vers l'avant ou l'arrière, la gauche ou la droite peuvent avoir également d'autres significations, notamment spatiales, géographiques.

Les verbes ne portent pas de marque de temps. Celui-ci doit être énoncé séparément.

Dans la phrase, le temps défini, comme la date d'un événement dont il va être question, est signé en général en début de phrase : on présente le cadre de l'événement avant de détailler ce qui le concerne. Les mentions de temps indéfini ou de durée sont signées après le verbe, comme les adverbes ou expressions adverbiales « longtemps », « toujours », « lentement »... Il est bien sûr possible de modifier l'ordre par défaut pour mettre en avant tel ou tel élément, en le plaçant en tête de phrase. Mais cela nécessitera des marqueurs syntaxiques particuliers, comme des pointages, des pauses, des mouvements d'épaule...

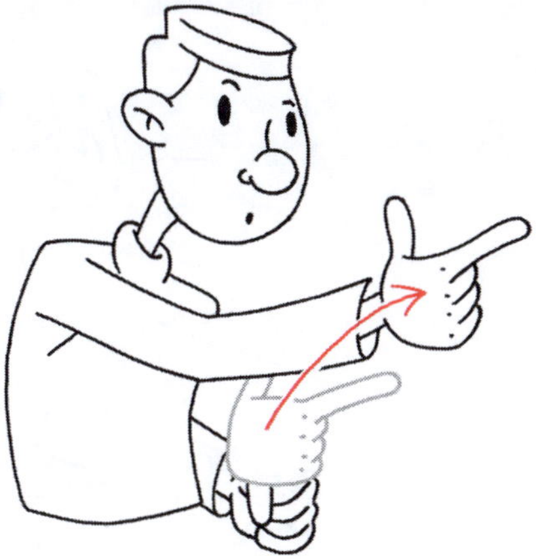

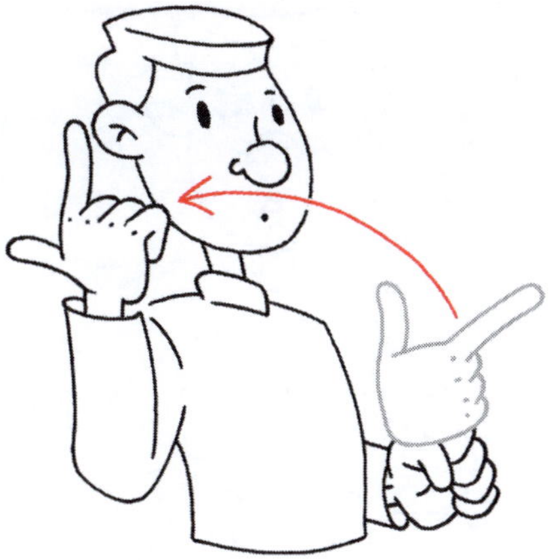

Suivant la ligne du temps, le premier signe ci-dessus signifie : dans deux ans ; le deuxième : il y a deux ans. Le troisième signe, effectué comme ici avec un mouvement du haut vers le bas, ou avec une rotation de la main dominante autour de la main dominée, signifie : durant deux ans. Le signe « siècle » a également un mouvement vers l'arrière.

SIÈCLE

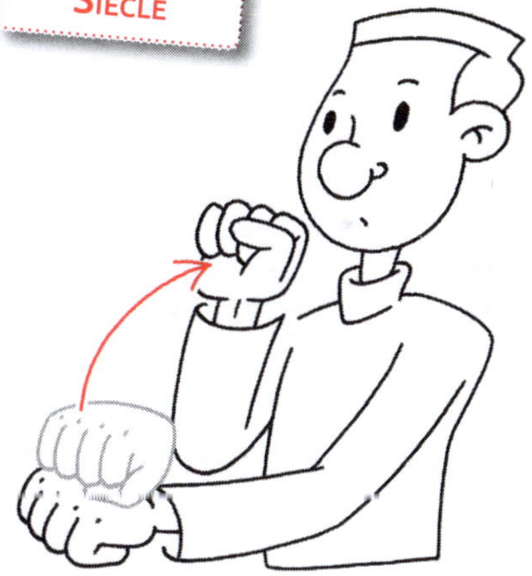

Heure

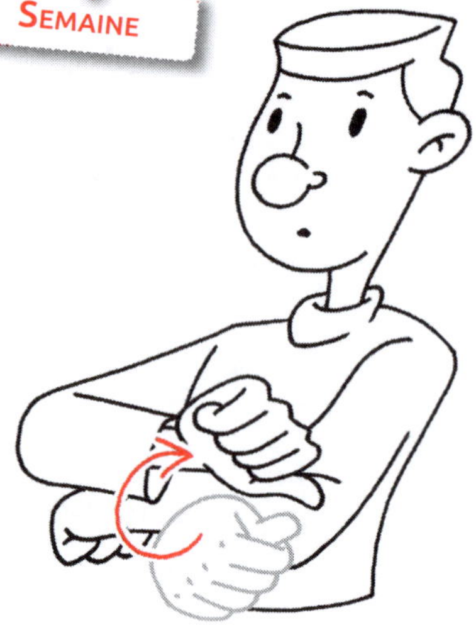

Semaine

Les signes pour signifier le temps en tant que durée ou le temps météorologique ont des emplacements et directions différents.

Temps (durée)

Temps (météo)

13 L'heure

Pour indiquer les heures, la langue des signes française se réfère à deux images : la montre portée au poignet et l'horloge. Pour une heure pleine, comme ci-dessous : « 4 heures », la main dominante montre le chiffre quatre avec un mouvement de va-et-vient sur le côté. Si le contexte est clair, si l'interlocuteur sait que l'on parle des heures, on peut signer seulement ce chiffre. Si le contexte n'est pas clair, on peut ajouter le signe « heure » en pointant la place de la montre avec son index.

Pour préciser : « 8 heures du soir » ou « 9 heures du matin », on ajoute après le chiffre le signe « matin » (soleil qui se lève à l'horizon) ou « soir » (soleil qui se couche à l'horizon). Le chiffre peut être signé paume vers l'avant ou l'arrière.

Pour « 2h15 » ou « 4h45 », on utilise la représentation de l'horloge : à « 2h15 », l'aiguille des minutes est horizontale et pointe vers la droite ; à « 4h45 », l'aiguille des minutes est horizontale et pointe vers la gauche. En langue des signes, après le chiffre de l'heure, la main effectue ce mouvement vers la droite ou vers la gauche. Le chiffre peut être signé paume vers l'avant ou l'arrière.

4 HEURES

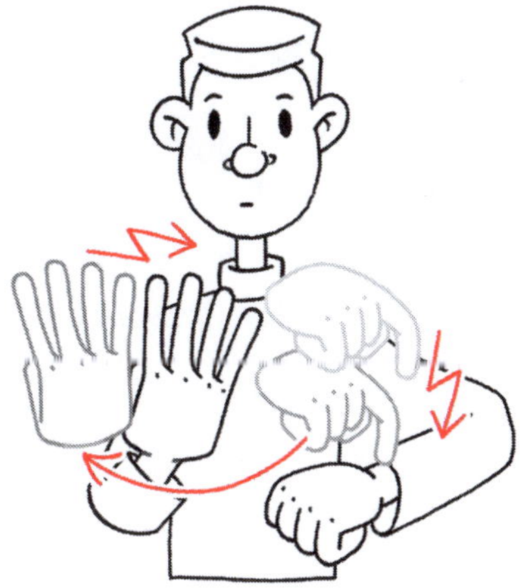

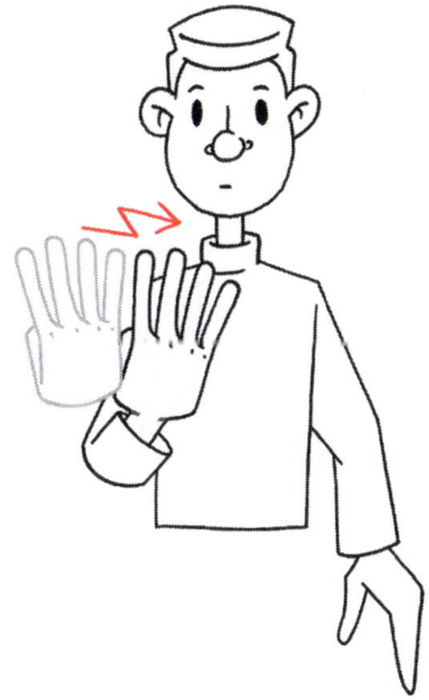

20H (SOIR)

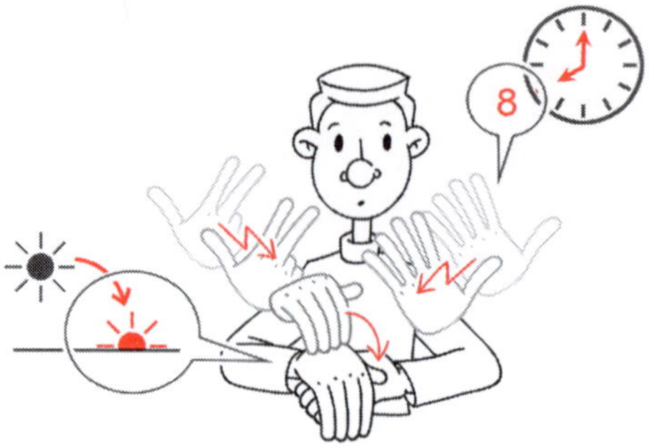

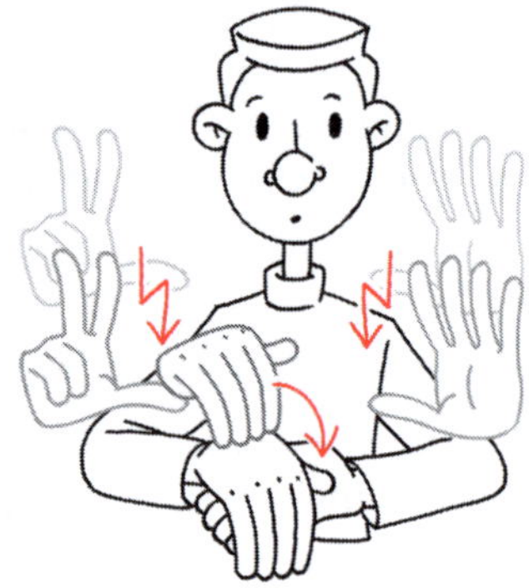

9H (MATIN)

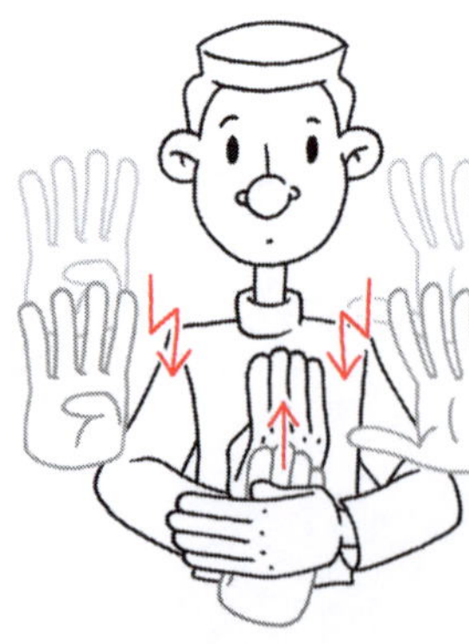

2H15

4H45

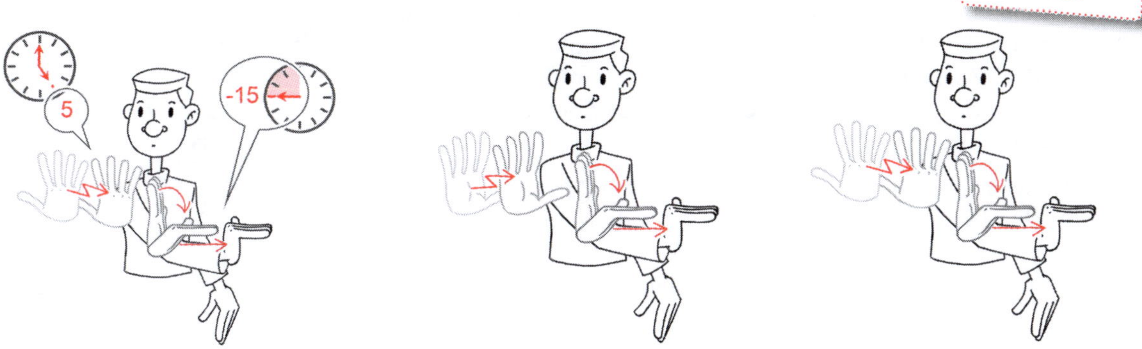

3H10

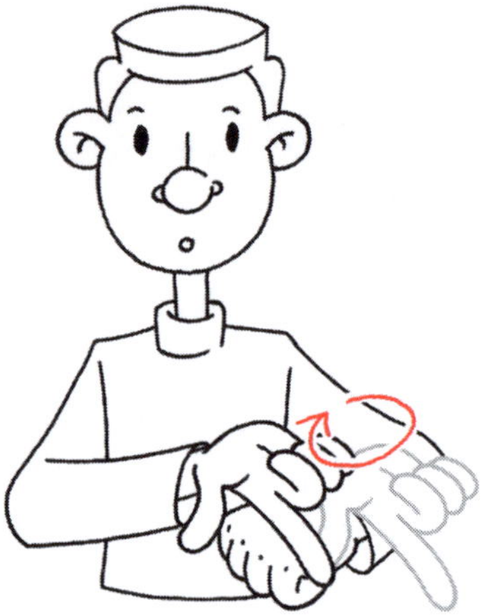

DURANT DEUX HEURES

Pour indiquer la durée, on peut utiliser un mouvement de haut en bas, mais on utilise le plus souvent un mouvement de rotation. L'heure étant signifiée par l'emplacement de la montre, le mouvement de rotation concernant les heures est effectué à cet emplacement. Selon les habitudes locales ou personnelles, ce mouvement pourra prendre l'une des trois formes ci-contre, avec différentes orientations et avec ou sans rotation du poignet.

Ces mouvements sont susceptibles de prendre différentes nuances. Par exemple, si l'on souhaite souligner que ces deux heures ont paru très longues, le mouvement sera ralenti. Si elles ont semblé passer rapidement, le mouvement sera lui aussi rapide.

14 Les chiffres (suite)

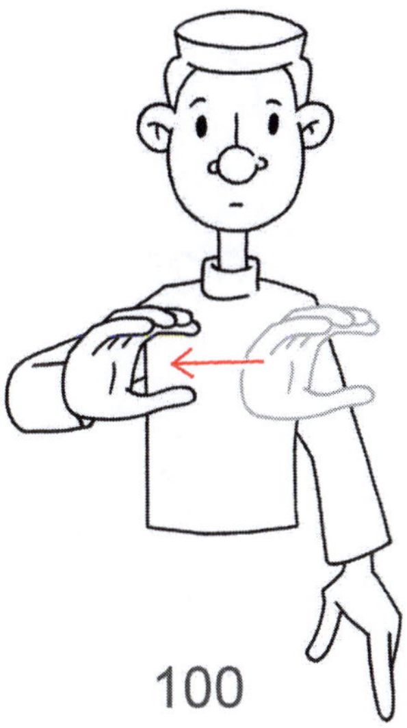

100

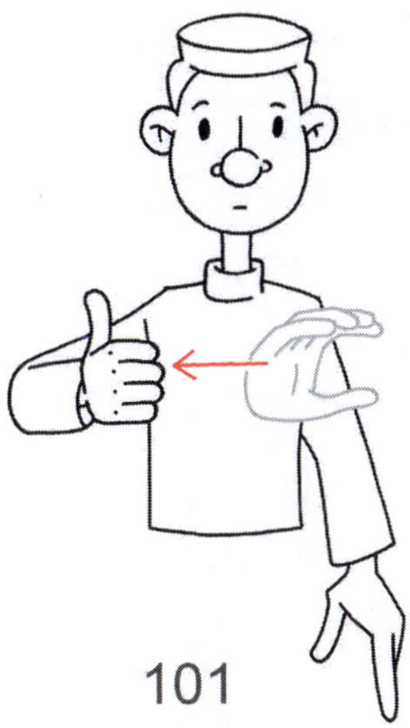

101

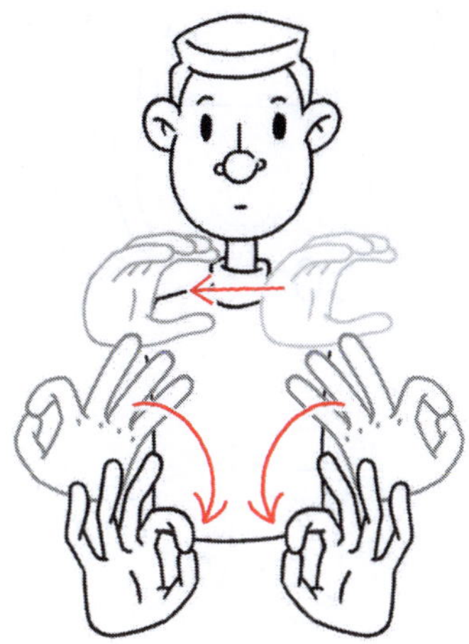

110

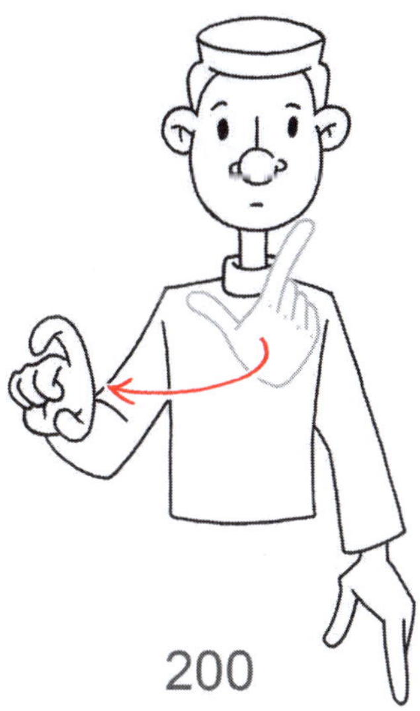

200

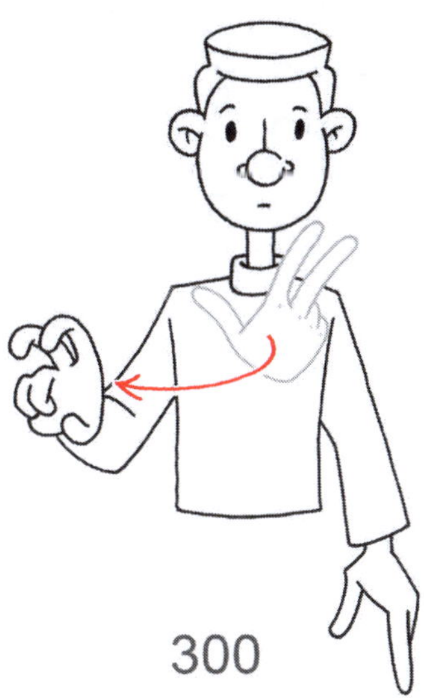

300

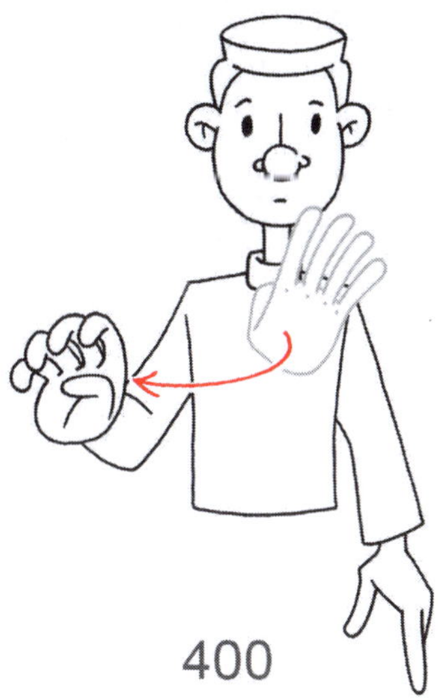

400

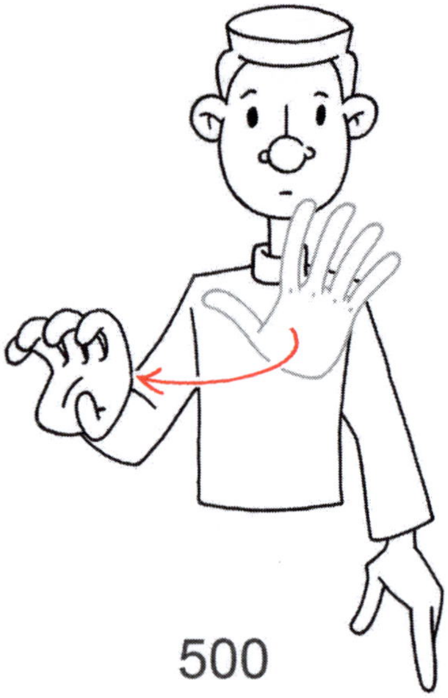

500

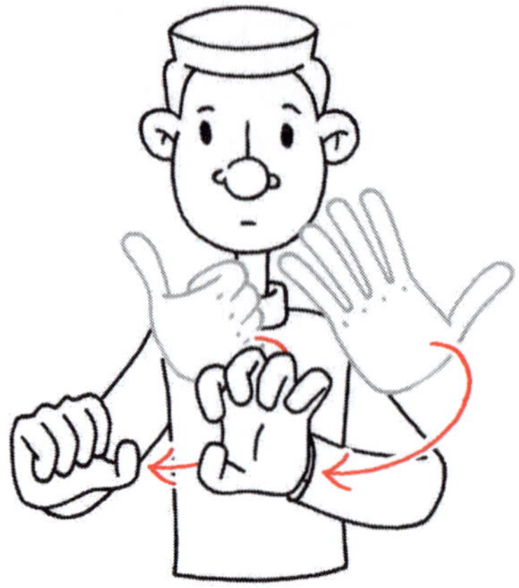

600

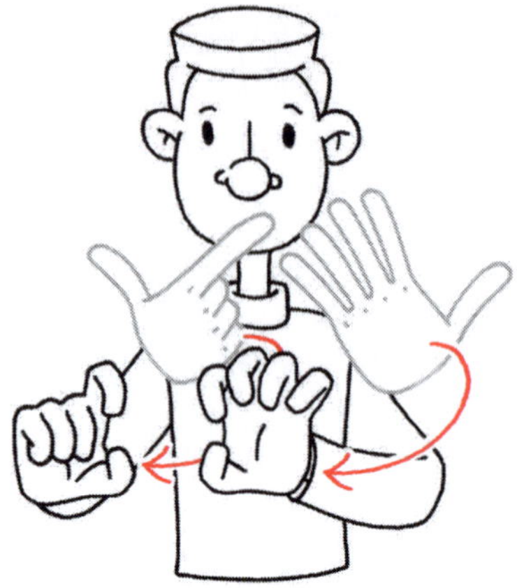

700

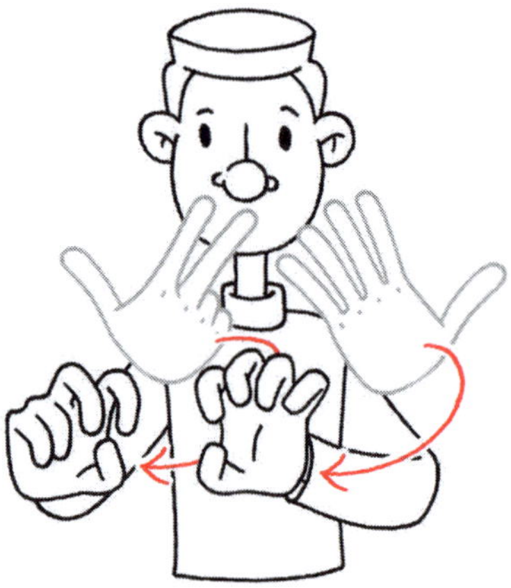

800

900

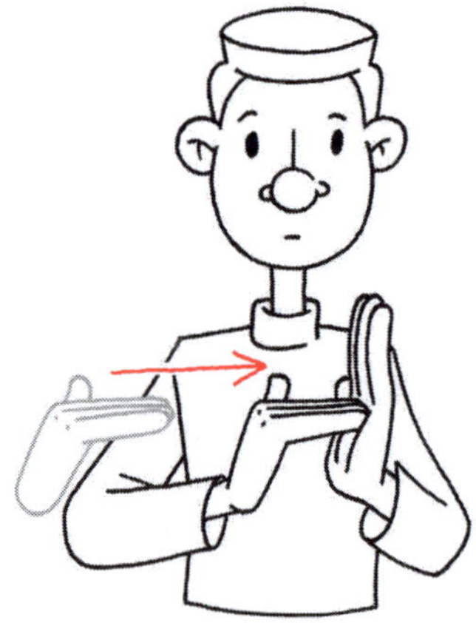

1000

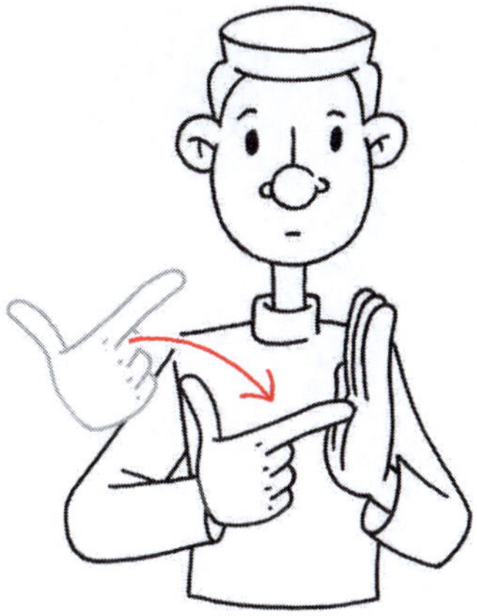

2000

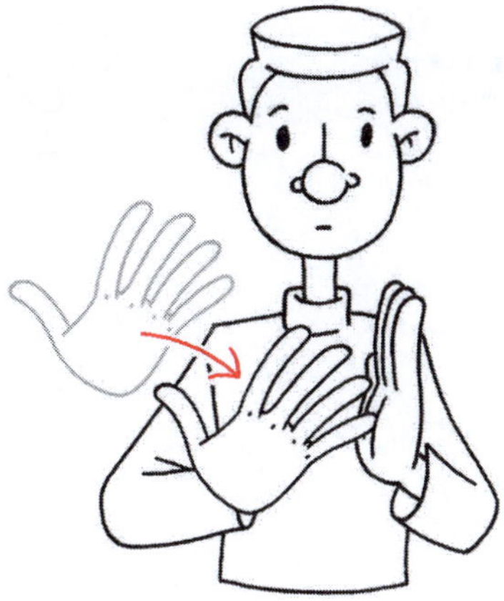

5000

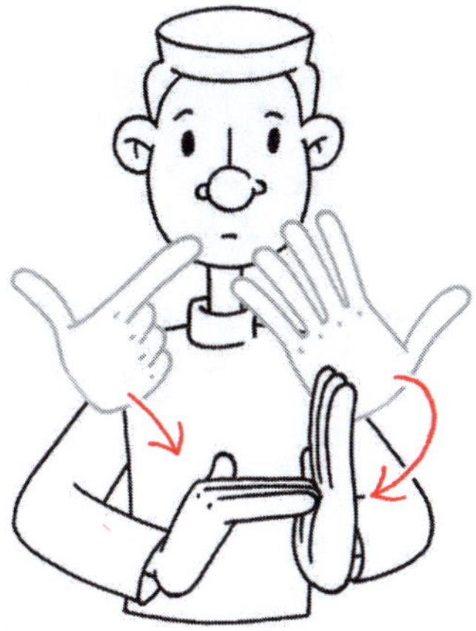

7000

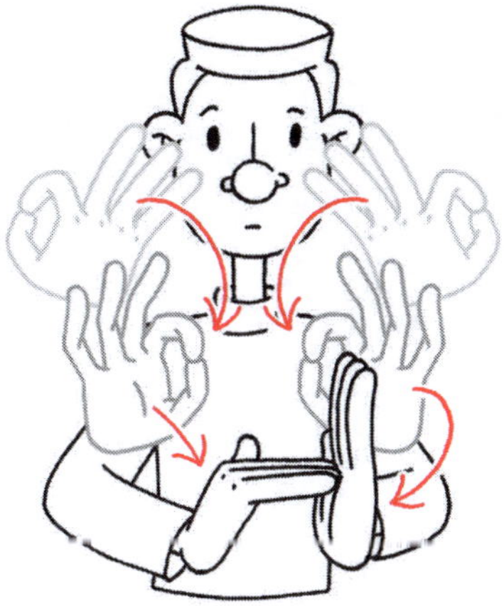

10000

100000

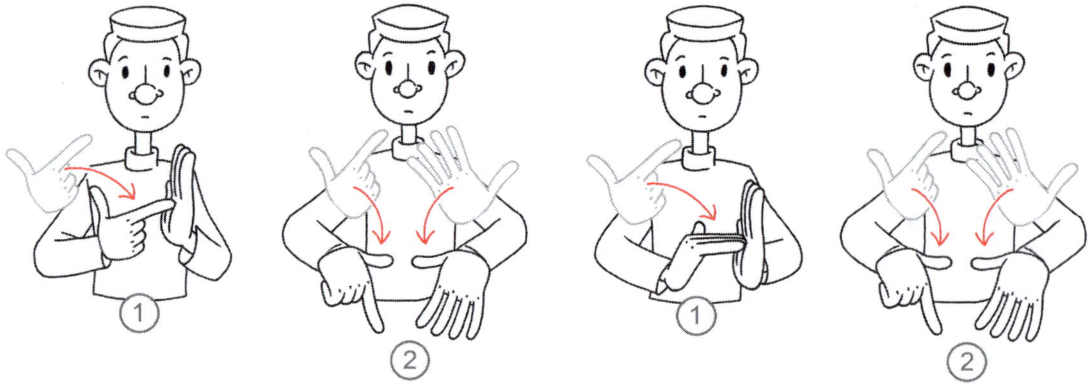

2017 OU 2017

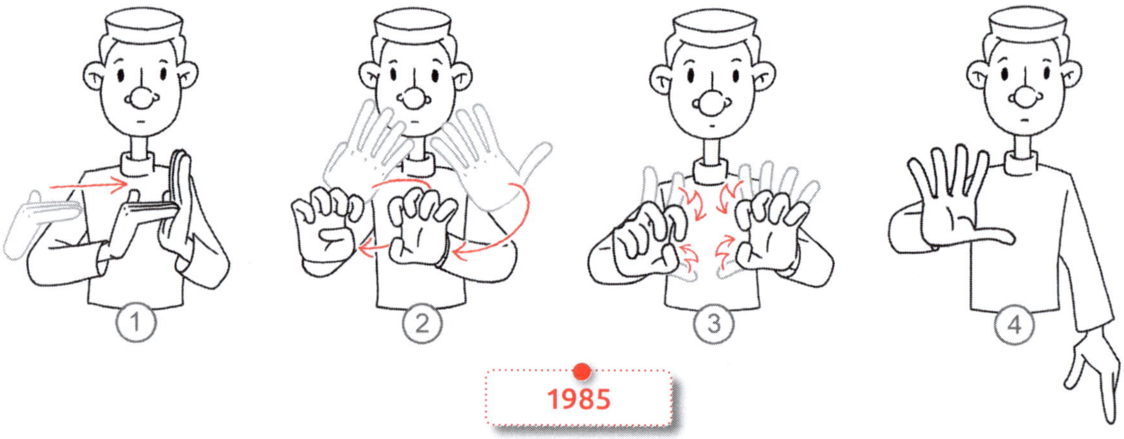

1985

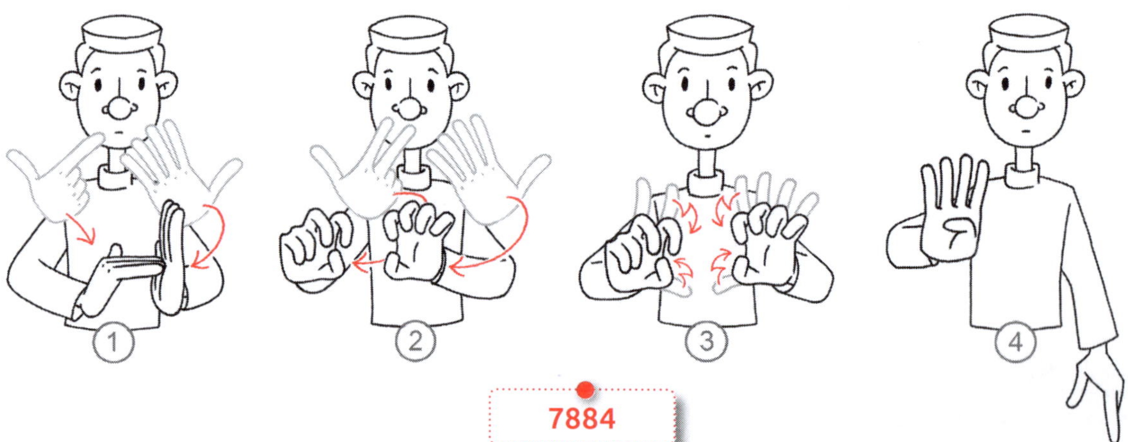

7884

Le signe « chiffre » peut être effectué vers le haut ou vers le bas.

Les signes « million » et « milliard » ont la même configuration de la main dominante et de la main dominée. Mais dans le premier cas, le mouvement est continu le long de l'avant-bras, tandis que dans le deuxième cas, la main dominante vient toucher l'avant-bras à plusieurs reprises.

Quelques signes

- « couleur » est effectué par la main dominante, les doigts ondulent en passant devant la bouche
- « loisirs » est effectué littéralement en se tournant les pouces
- « vêtements » consiste à désigner le haut de ses propres vêtements
- pour le signe « voyage », le pouce, l'index et le majeur réunis s'ouvrent vers l'avant

15 Les couleurs

Blanc

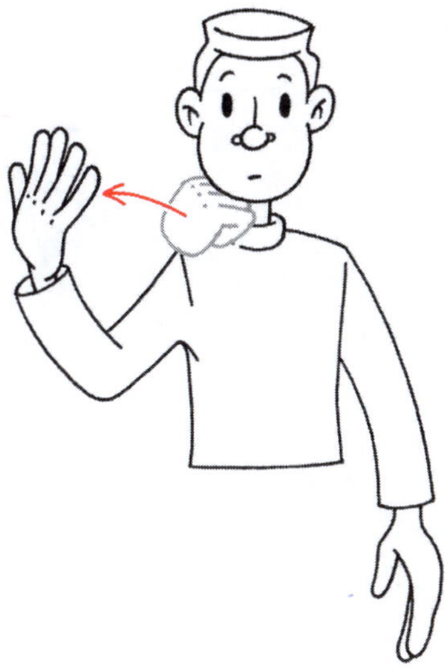

Le poing fermé part du cou et se déploie vers l'extérieur.

Bleu

Pouce plié, les autres doigts serrés, dressés vers le haut, se replient deux fois.

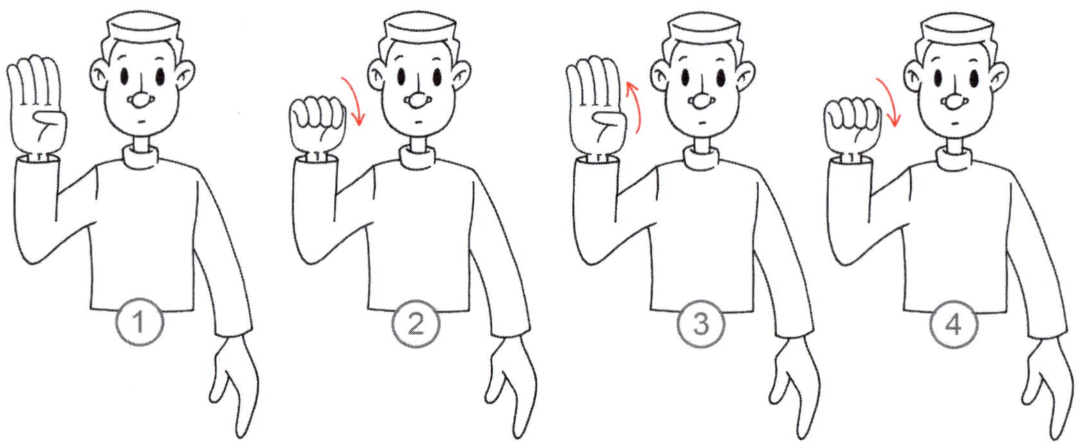

Remarque

Certains signes, comme les jours de la semaine ou les couleurs, sont basés, en totalité ou en partie, sur l'alphabet dactylologique. Cela provient de l'influence du français sur la langue des signes durant la longue période d'interdiction de la langue des signes dans l'enseignement des jeunes sourds, depuis le congrès de Milan de 1880 jusqu'aux années 1970.

Gris

Pouce et index dressés, l'index se replie avec un mouvement sur le côté.

Remarque

Depuis les années 1970, beaucoup de locuteurs et d'enseignants sourds se battent pour que la langue des signes retrouve son caractère iconique et visuel si spécifique. Ainsi, certains signes existants évoluent : ils peuvent être remplacés par des signes plus visuels, moins marqués par l'alphabet dactylologique.

Jaune

La main prend la forme du « J » dactylologique. Le petit doigt part du bord des lèvres avec un mouvement vers l'arrière.

Références

Le dictionnaire de référence en langue des signes française est celui réalisé, en plusieurs volumes, par IVT (International Visual Theatre) : www.ivt.fr.

D'autres éditeurs, comme Monica Companys, proposent différents signaires : www.monica-companys.com/.

Marron

Le poing fermé a un mouvement circulaire au niveau du menton.

Noir

Index et majeur serrés ont un mouvement horizontal le long du front.

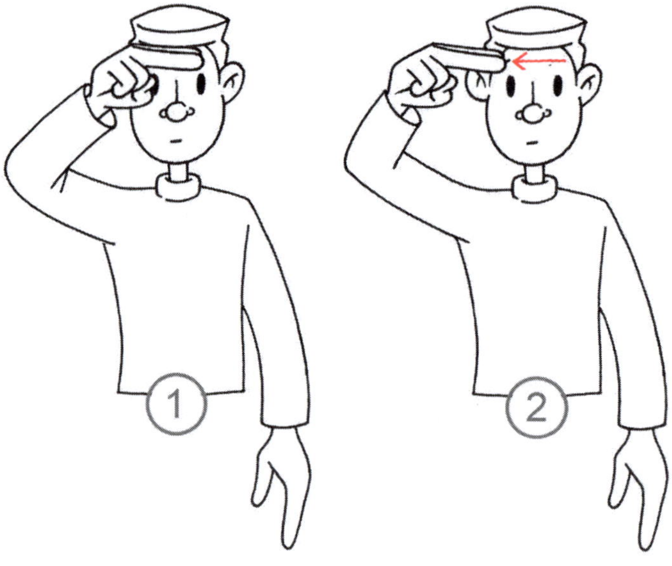

Références

Pour l'origine des signes, voir notamment le *Dictionnaire étymologique et historique de la langue des signes française* d'Yves Delaporte, Éditions du Fox : http://www.2-as.org/editionsdu-fox/ et la thèse de Françoise Bonnal citée en bibliographie.

ORANGE

La main ouverte, doigts écartés (comme tenant une orange), a un mouvement de rotation au niveau de la tempe.

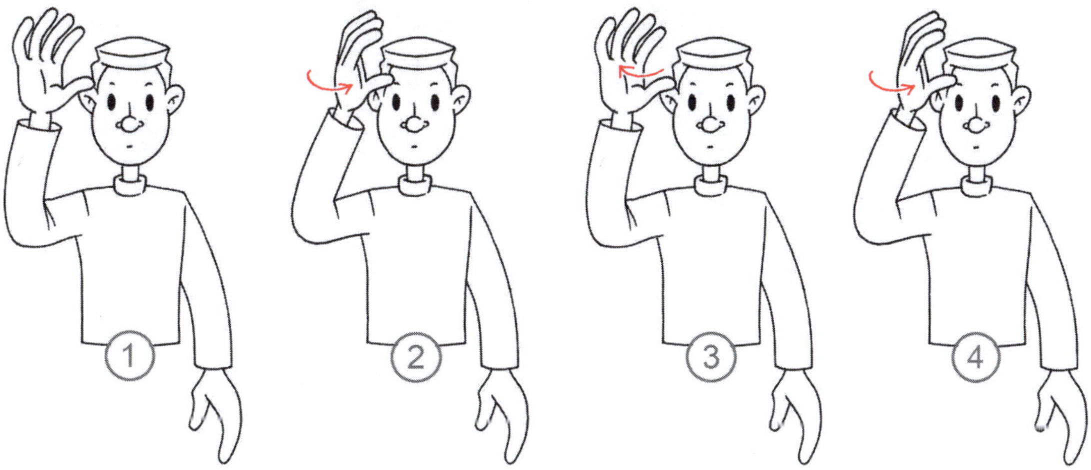

Grammaire

Les adjectifs qualificatifs sont le plus souvent placés après le nom qu'ils qualifient : voiture blanche, drapeau vert... Mais certains adjectifs qualificatifs peuvent être signifiés, non par un adjectif indépendant, mais par une modification du nom, comme un changement dans l'expression de sa taille, ou l'utilisation de proformes.

Rouge

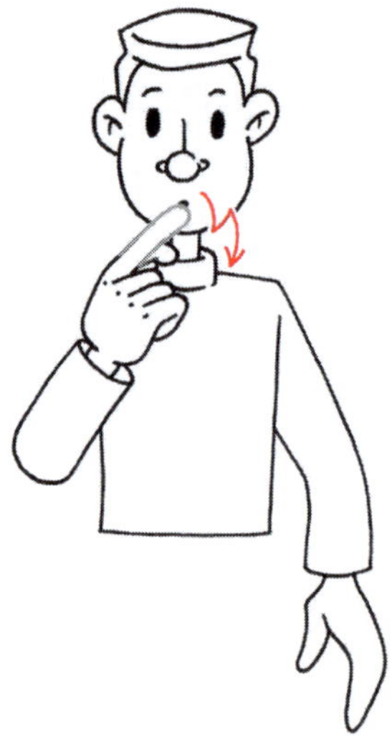

L'index se replie devant les lèvres.

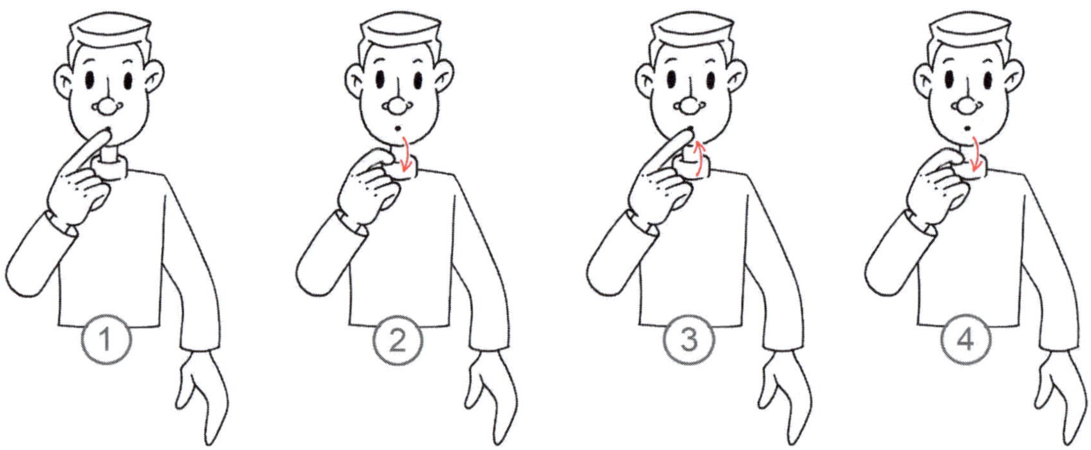

Étymologie

Certains signes ont une origine claire, une étymologie évidente, comme le signe « rouge » montrant la couleur des lèvres, ou le signe « orange » dont la forme de la main montre une main tenant une orange.

Mais l'étymologie de beaucoup d'autres signes est plus complexe...

Rose

La lettre « R » de l'alphabet dactylologique passe sous le menton.

Évolutions

Comme pour les langues vocales, la langue des signes est soumise à différents principes, tels que le principe d'économie linguistique : les signes qui peuvent être complexes lors de leur création voient souvent certains de leurs paramètres se modifier au fur et à mesure de leur utilisation afin de rendre leur exécution plus rapide, plus aisée, plus fluide.

Vert

Index et majeur écartés et repliés ont un mouvement vers l'avant.

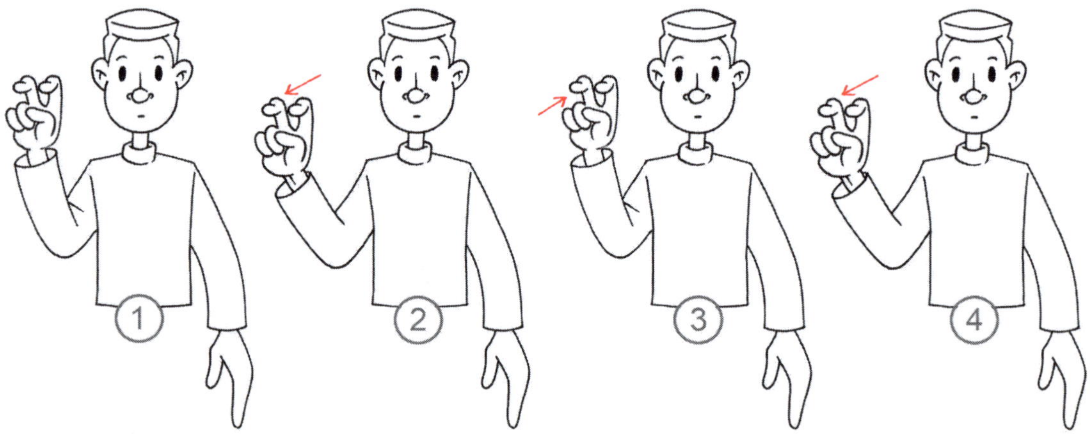

Étymologie

Le signe « vert » était réalisé au XIXe siècle avec la configuration « V » de l'alphabet dactylologique, doté d'un mouvement horizontal en zig-zag, désignant la couleur verte des prairies. Progressivement, la main s'est redressée et les doigts ont pris la forme du crochet – le mouvement des doigts étant ainsi plus simple et moins fatiguant.

Violet

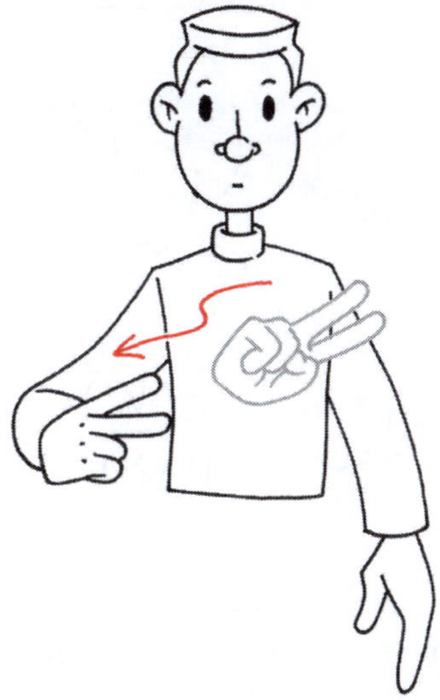

Index et majeur écartés, la main a un mouvement de rotation dans un axe diagonal.

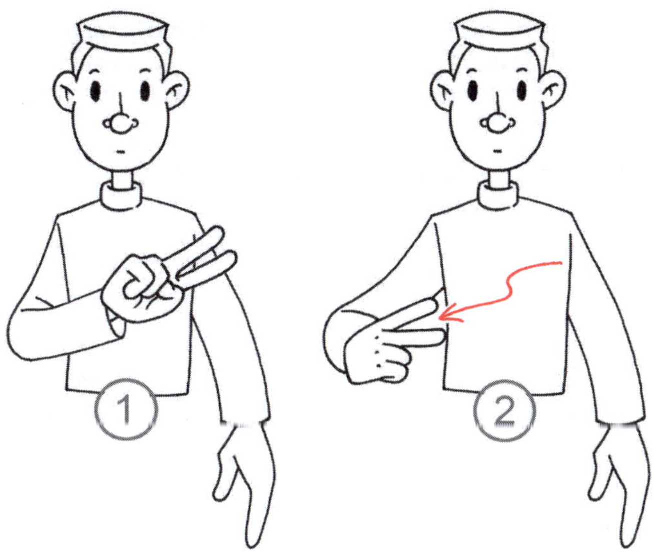

Étymologie

Certaines modifications ont suivi d'autres influences, notamment durant la période d'oralisme triomplant. Ainsi, le signe « rose » était signé à l'origine juste en dessous du nez, désignant la bonne odeur des roses. Ce signe a été abaissé sous le menton afin de permettre la lecture labiale, selon Yves Delaporte.

Je vais bien

L'index et le majeur des deux mains sont dressés vers le haut, les autres doigts repliés, sauf le pouce. L'index et le majeur ont un double mouvement simultané de flexion et d'extension. Il signifie : ça va.

Avec les sourcils froncés et le regard appuyé vers l'interlocuteur, il s'agira d'une question : est-ce que ça va ? Sans les sourcils froncés, il pourra s'agir de la réponse : je vais bien. Le visage du locuteur pourra aussi être accompagné d'un sourire plus ou moins prononcé selon le bien-être qu'il veut signifier.

Si l'on retourne l'une des deux mains, on peut signifier : je vais moyennement bien ; et si l'on retourne les deux mains, on peut signifier : je ne vais pas bien. Ces deux derniers signes ne se trouvent pas dans les dictionnaires : il s'agit d'un néologisme créé par un locuteur sourd au cours d'une conversation. Ces jeux de signes spontanés sont très fréquents.

Les signes sont ainsi susceptibles d'une créativité quasiment infinie...

16 Étymologie des signes

Iconicité

La plupart des signes sont formés à partir de l'image de l'objet, de la personne, de l'animal, de l'action présentée. On parle d'iconicité. Une caractéristique visuelle est retenue et exprimée gestuellement. Celle-ci peut être :

- la forme globale de l'objet (drapeau, lune)
- une partie désignant le tout (le toit désignant la maison)
- l'action réalisée avec l'objet (boire, voiture)
- un symbole, un logo (euro, psychologie)
- un effet visuel (partir) une partie du corps (cœur)
- une représentation schématique, symbolique ou illustrative (mariage, réfléchir).

Drapeau

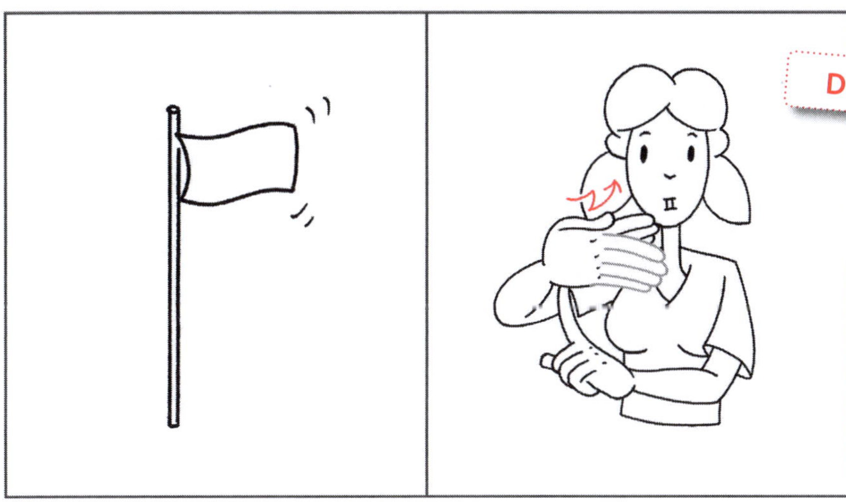

La main dominante présente le drapeau.
Le mouvement horizontal de la main montre le tissu qui flotte au gré du vent.
La main dominée avec son index dressé en dessous du drapeau représente la hampe.

Lune

Les deux mains ont la configuration en Y. Elles sont placées en haut et en bas du visage et forment avec celui-ci l'image du croissant de lune.

Cœur

Les deux mains prennent la forme du cœur, placées à l'endroit approprié.
Elles peuvent effectuer un mouvement de contraction des doigts, ainsi que d'écartement et de rapprochement pour montrer le cœur qui bat.

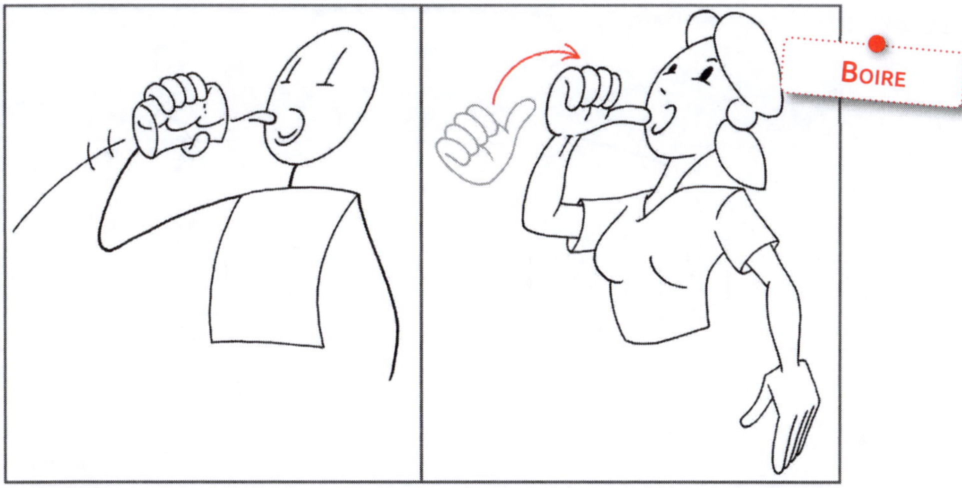

La main prend la configuration en A (montrant le verre par le poing et le filet de liquide par le pouce) ou en C (montrant la forme de la main tenant le verre).
Le mouvement vers la bouche désigne le verbe, l'action de boire.

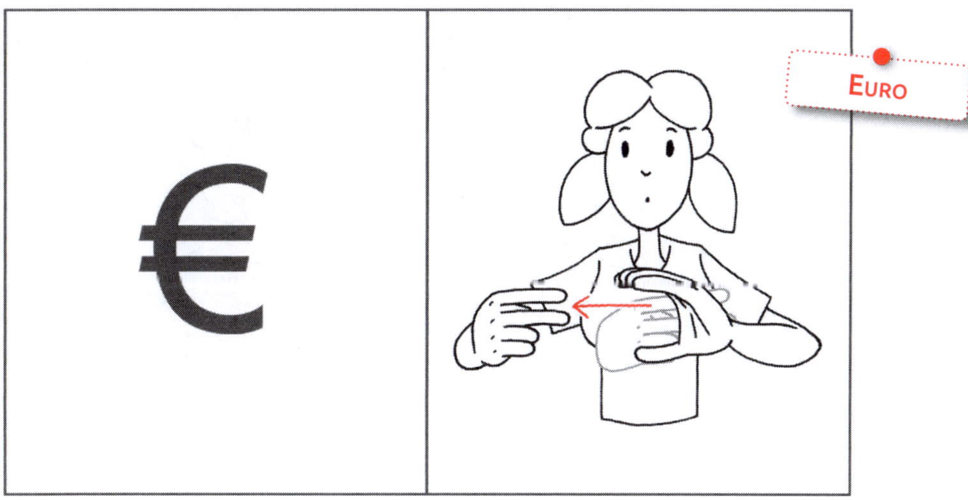

La main dominée prend la configuration en C, la main dominante, index et majeur dressés, a un mouvement vers la droite. Ce signe représente le symbole de l'euro.

Les mains prennent la forme du toit, synecdoque désignant la maison.

Les mains montrent l'action de mettre une bague au doigt, geste typique du mariage.

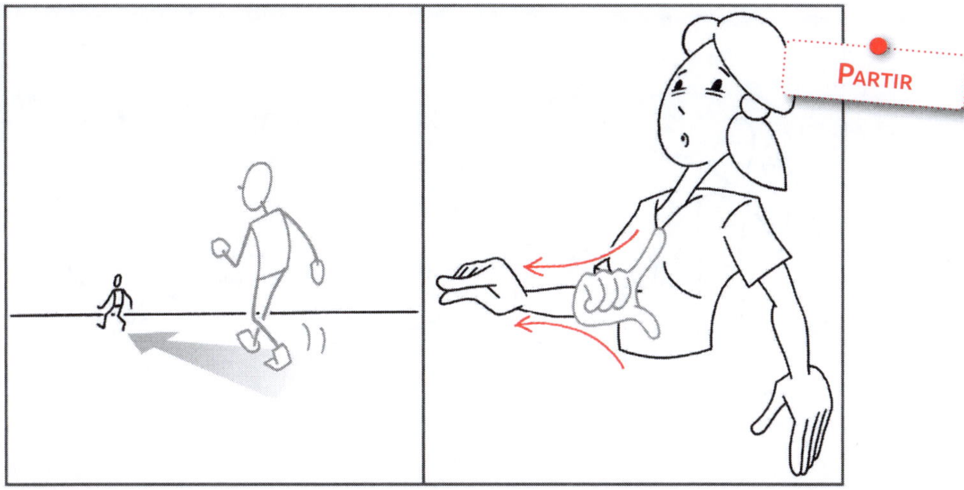

Le pouce et l'index se *referment avec un mouvement vers l'avant :* ce *signe montre l'effet visuel du personnage dont la taille diminue au fur et à mesure de son éloignement.*

Les mains montrent la lettre grecque psi, symbole de la psychologie.
La main dominante tape deux fois le bord de l'autre main.

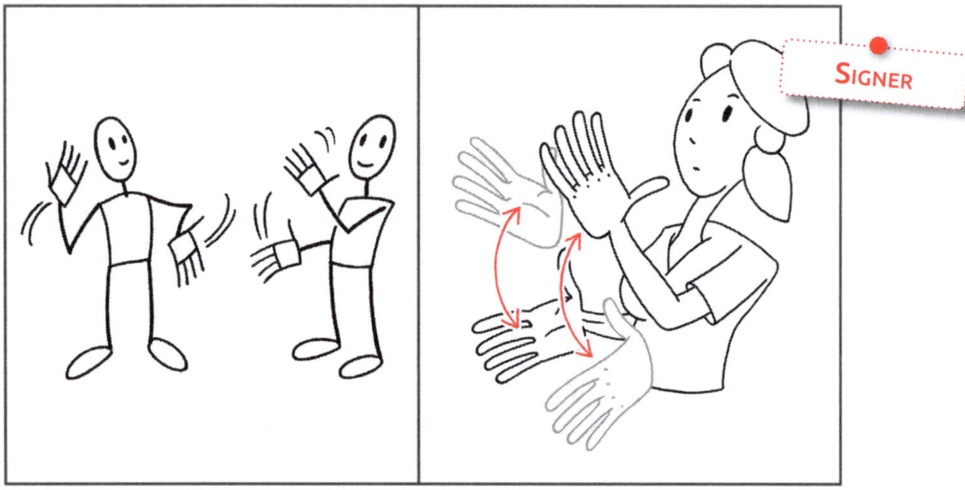

Signes, signer (s'exprimer en langue des signes)
Les mains ont un mouvement alternatif de haut en bas.

Voiture, véhicule
Les mains repliées ont un mouvement alternatif circulaire de haut en bas, montrant le mouvement du conducteur tenant le volant du véhicule.

Les mains, doigts légèrement écartés, ont un mouvement de rapprochement puis d'éloignement, avec un contact entre le pouce et l'index.
Certains signes ont une origine, une étymologie plus complexe.
Pour le signe « image », Yves Delaporte, dans son Dictionnaire étymologique et historique, parle de « série homonymique de hasard », comme pour les signes « viande » ou « lesbienne ».

Les signes ainsi expliqués à partir de leur étymologie – de l'image, de l'idée, du symbole retenu pour les désigner – peuvent paraître plus clairs ou plus évidents. D'ailleurs, certains traits retenus pour le vocabulaire de la langue des signes peuvent trouver un écho en français ; par exemple le « toit » peut aussi désigner l'ensemble de la maison dans diverses expressions françaises.

Toutefois, il faut se méfier de cette fausse évidence : on ne peut prédire le trait visuel qui sera retenu pour désigner un signe. Ainsi, chaque langue des signes peut retenir un trait différent. Par exemple, le signe « handicapé » est issu de l'image de bras coupés en langue des signes française, tandis qu'en langue des signes espagnole, l'image retenue est celle de mains coupées. D'ailleurs, lorsqu'on ne connaît pas les signes, il est souvent difficile de deviner ce qu'ils signifient.

En revanche, connaître l'origine d'un signe peut faciliter sa mémorisation : savoir par exemple que le matin est caractérisé par le lever du soleil permet de se rappeler que le signe « matin » est constitué par la main dominée symbolisant l'horizon, et la main dominante, passant derrière, montrant ainsi le lever du soleil.

Le signe ci-contre signifie : « communication ». Les deux mains, en forme de C, ont un mouvement horizontal alternatif. Cette alternance est représentative de l'échange qu'est la communication. La direction du mouvement est effectuée vers l'avant, vers l'interlocuteur. Ainsi, la place située face au locuteur est l'emplacement de la deuxième personne : tu, toi. Lorsque l'on veut désigner la troisième personne, il, lui. .. on utilise les espaces à droite ou à gauche du locuteur dans l'espace de signation.

Le signe ci-contre signifie : « expression ». Les deux mains sont fermées, près du corps, et ont un mouvement d'ouverture vers l'avant – plus haut pour la main dominante et plus bas pour la main dominée. Ce mouvement d'ouverture vers l'emplacement de la deuxième personne est ainsi le trait retenu pour définir l'expression : ce que l'on porte en soi se déploie en allant vers autrui.

Remarque

Il n'y a pas de marque de genre attachée aux noms ou aux verbes en langue des signes. Le genre, lorsqu'il doit être précisé, est mentionné soit par l'ajout d'un nom (homme, femme, garçon, fille, femelle, mâle), soit par un détail visuel caractéristique.

17 Quelques verbes

ACHETER

ESPÉRER

DEMANDER

PARTIR

PRENDRE

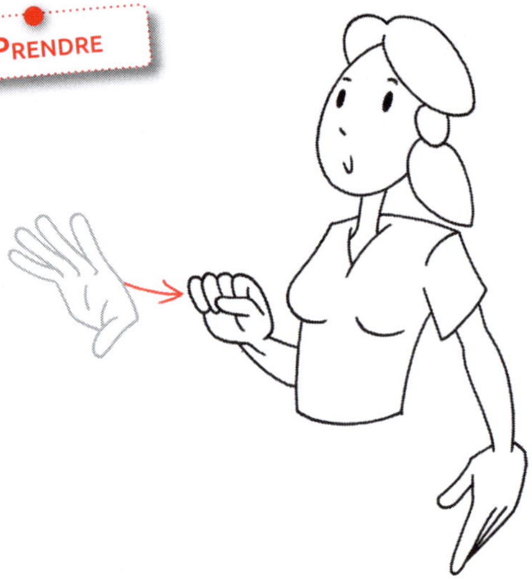

PROPOSER

REFUSER

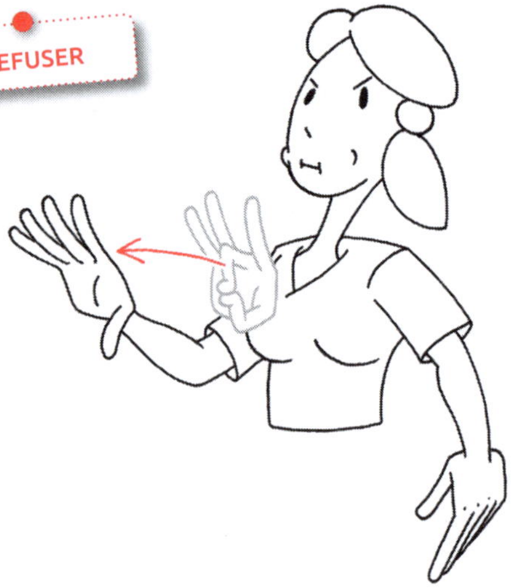

SOUHAITER

La plupart de ces verbes sont orientables : « refuser » avec un mouvement vers l'avant signifie que le locuteur rejette quelque chose. Avec une orientation et un mouvement inverses, c'est l'interlocuteur qui oppose un refus au locuteur. De même pour « demander » ou « proposer ». Le verbe « prendre » est orienté en fonction de ce qui est pris.

La plupart des verbes prennent un sens négatif par l'ajout d'un signe de négation, comme :

- l'index dressé avec un mouvement de gauche à droite
- l'index et le majeur placés horizontalement, sur le côté, avec un mouvement vers le bas
- plus simplement : un mouvement de négation de la tête.

Quelques verbes ont une forme négative irrégulière, comme vouloir/ne pas vouloir, aimer/ne pas aimer, être d'accord/ne pas être d'accord, pouvoir/ne pas pouvoir...

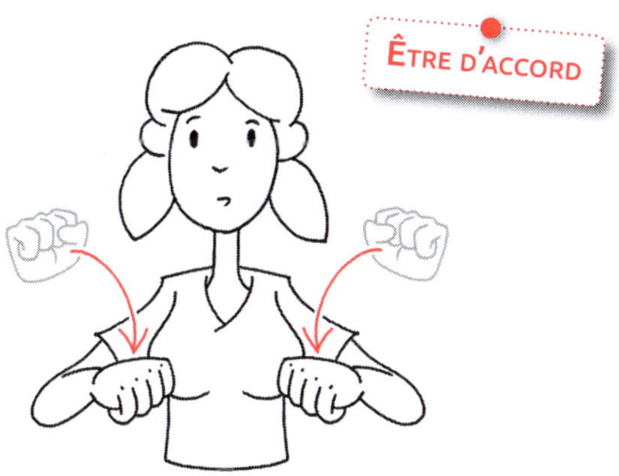

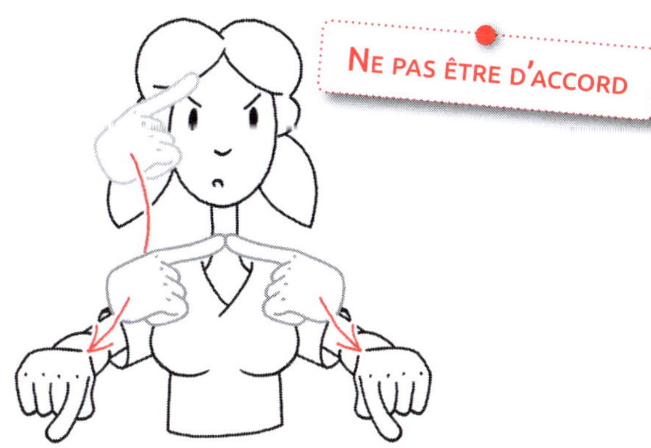

Vouloir

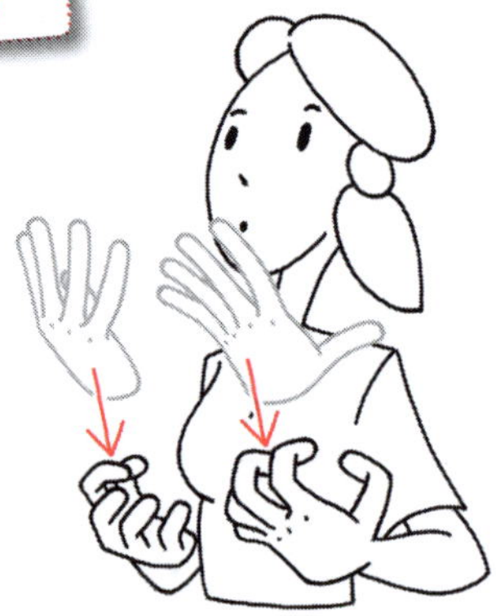

Ne pas vouloir

Avoir

Ne pas avoir

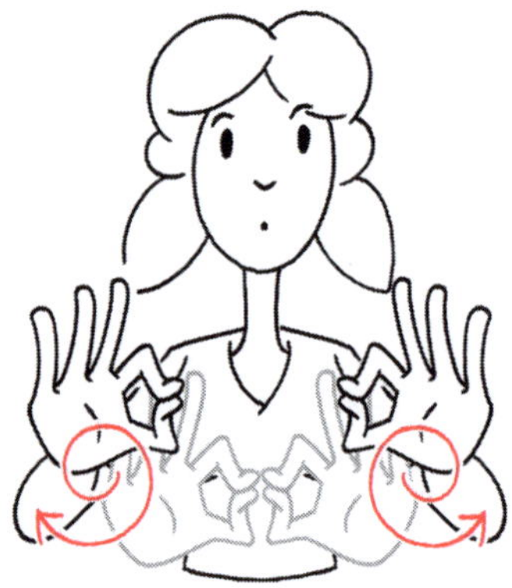

18 Noms et verbes

Les noms et les verbes correspondants ont des formes souvent proches (configuration et orientation identiques). Le mouvement des mains et des épaules, la répétition et l'expression du visage permettent de les distinguer. Par exemple, les signes BALAI et BALAYER se distinguent par l'ampleur du geste, l'expression du visage, le mouvement des épaules. La structure des phrases où ces signes peuvent s'insérer varie également : le signe BALAYER peut former à lui seul une phrase (le sujet est exprimé par l'attitude du locuteur : visage, épaules, « investissement » du mouvement, etc.), tandis que le signe BALAI sera accompagné d'un verbe ou d'une expression : « Donne-moi le balai s'il te plaît », ou « Passe-moi le balai s'il te plaît ».

Selon les cas,

- le nom a un mouvement moins ample et répété deux fois (mariage/se marier, lunettes/porter des lunettes, porte/ouvrir ou fermer la porte) ; le verbe a un mouvement sans répétition ;
- le nom a un mouvement sans répétition (interprète/interpréter) tandis que le verbe a un mouvement avec répétition ;
- le nom et le verbe ont un mouvement avec répétition identique, seule l'ampleur du mouvement permettant de distinguer les deux (conduire une voiture/voiture, tapis/secouer un tapis, appareils auditifs/mettre ses appareils auditifs, recherche/rechercher, oralisme/oraliser, gêne/gêner, justice/juger, chaise/s'asseoir...).

Chaise

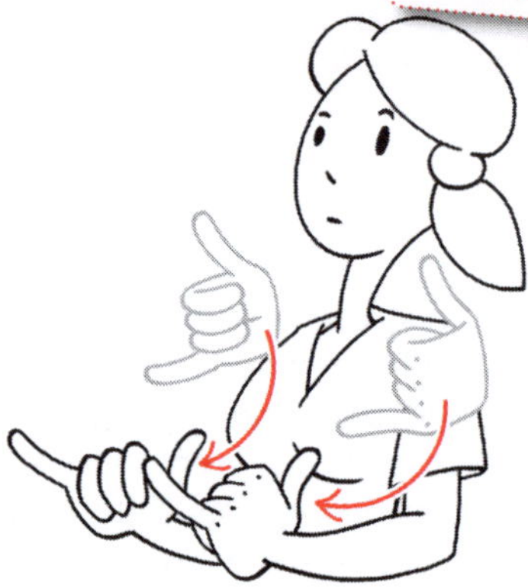

S'asseoir

Balai

Balayer

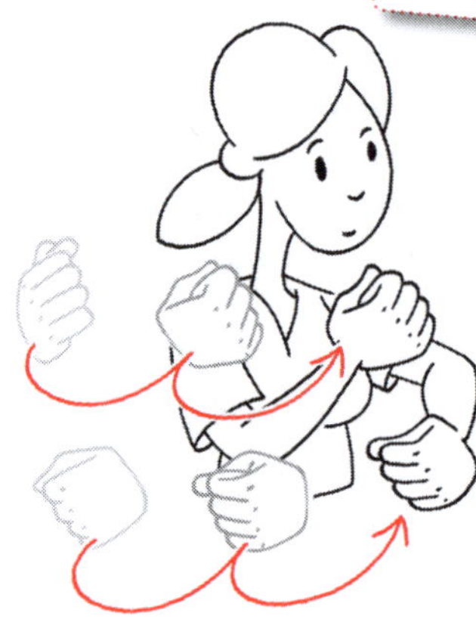

19 Variation des noms

Les signes, tels que présentés dans ce livre ou dans les dictionnaires, sont dessinés sous leur forme « neutre ». En discours, ces signes sont souvent modifiés en fonction du contexte. En reprenant les termes de la grammaire traditionnelle, on peut dire que l'adjectif est souvent incorporé dans le nom.

Ainsi, un signe réalisé de manière plus ample, avec les épaules écartées et les joues gonflées, indiquera par exemple que cet objet est de grande taille.

Le même signe effectué de manière plus resserrée, avec les épaules rentrées et les joues creusées, signifiera l'inverse. Il n'est pas alors nécessaire d'ajouter un adjectif comme « petit » ou « grand » : celui-ci est inclus dans la manière de réaliser le signe.

Au contraire, le fait de ne pas tenir compte de cette variabilité des signes et de préférer systématiquement l'ajout d'adjectifs pourra être une marque de français signé, de manque de maîtrise des caractéristiques morphologiques et grammaticales de la langue des signes.

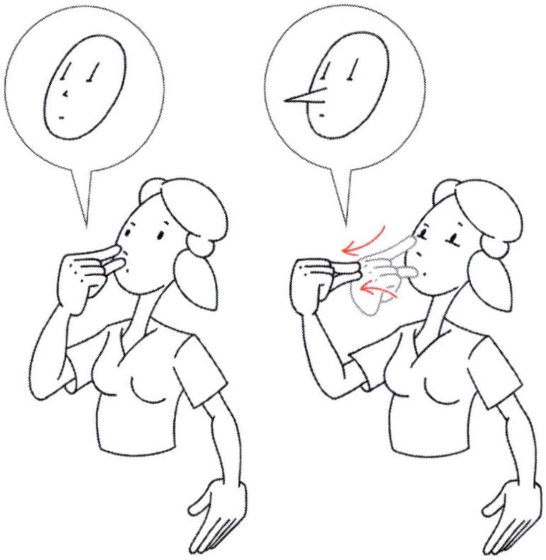

Nez court

Nez allongé

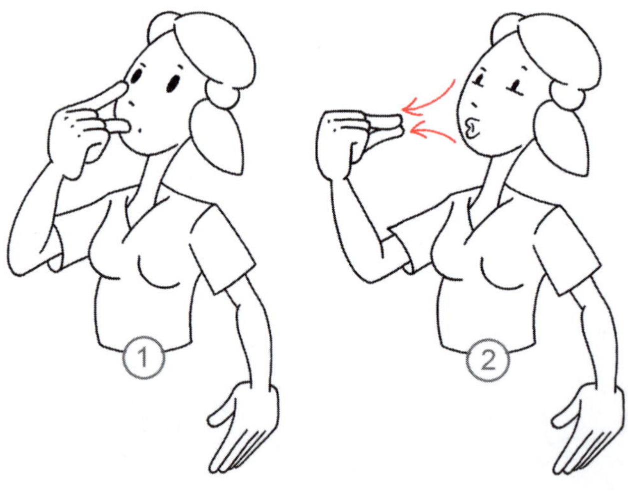

Toutes les nuances sont également possibles, depuis des nez très aplatis jusqu'au nez de Pinocchio ou de Cyrano de Bergerac, en passant par les nez concaves, convexes, retroussés... de même pour la taille du tableau, du plus petit au plus grand, de format figure, paysage ou marine...

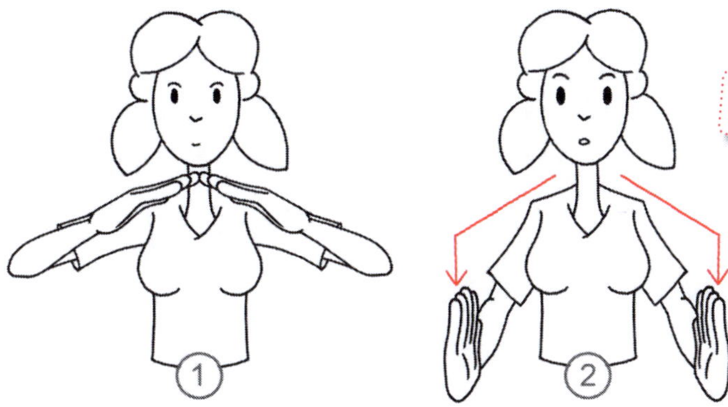

GRANDE MAISON

PETITE MAISON

L'expression d'une petite taille est souvent accompagnée du plissement des yeux.

Pour l'expression d'une grande taille, les yeux sont grands ouverts et les joues peuvent être gonflées.

De nombreuses autres nuances peuvent être apportées, lors de la réalisation d'un signe, par l'expression du visage, le mouvement des épaules ou des lèvres, comme l'étonnement, la surprise, la lassitude, la satisfaction, le doute, la certitude, l'ironie, etc.

Beaucoup d'entendants n'ont pas l'habitude de travailler l'expression du visage, voire, certains sont un peu gênés de montrer ainsi leurs sentiments. Or cela est essentiel pour une bonne expression en langue des signes. Il est possible de s'y entraîner, par exemple en regardant les films muets et en s'efforçant d'imiter, de reproduire l'expression du visage des différents protagonistes.

20 Modification des verbes

Comme tous les signes placés dans l'espace de signation, l'emplacement du verbe est lié à l'emplacement de son sujet dans cet espace, et le mouvement du signe est souvent lié à l'emplacement de l'objet par rapport au sujet. D'autre part, les verbes peuvent être modifiés en fonction d'autres traits. Ainsi, ils peuvent être modifiés :

- en fonction du sujet (par exemple de sa taille)
- en fonction du complément d'objet (par exemple de sa forme)
- en fonction du complément de manière (de la manière dont le sujet accomplit l'action)
- en fonction du complément de moyen (par exemple de l'outil utilisé), etc.

Un exemple : le verbe « manger ». Dans sa forme neutre, comme celle que l'on trouve dans les dictionnaires, le signe est le suivant :

En discours, ce signe sera généralement remplacé par un autre signe, adapté à la situation :

- la forme de la main prendra la forme de l'aliment (pomme, part de gâteau...)
- la forme et le mouvement de la main reproduiront la manière dont le sujet tient l'aliment (cuisse de poulet, sandwich...)
- le mouvement de la main reproduira le geste du sujet (tremper son index dans la crème, ramasser des miettes avec son petit doigt...)
- la forme de la main reprendra la forme de l'outil utilisé (cuillère, baguettes...)
- le mouvement de la main évoquera l'attitude du sujet (manger goulûment, salement...), etc.

Quelques exemples :

manger avec un doigt

situation évoquée

manger une cuisse de poulet

situation évoquée

manger une part de tarte

situation évoquée

croquer une pomme

situation évoquée

picorer avec le petit doigt

situation évoquée

manger une grosse part de gâteau

situation évoquée

manger avec une cuillère

situation évoquée

manger un sandwich

situation évoquée

manger avec une fourchette

situation évoquée

21 Les proformes

Les proformes sont des configurations, en nombre relativement limité, qui peuvent se substituer à toute désignation de personnage, d'animal, d'objet, de terrain... Ils jouent en cela un peu le rôle d'un pronom, mais avec deux différences principales :

- d'une part ils sont sélectionnés en fonction de la forme de ce que l'on veut présenter. Un même actant, par exemple un être humain, ne sera pas toujours désigné par le même proforme, selon que l'on souhaite mettre l'accent sur son visage, sur sa démarche, sur son attitude, etc.
- d'autre part, le proforme peut être doté d'un mouvement, désigner alors une action, et remplacer ainsi un syntagme, servir à construire une phrase entière, voire tout un récit. Les principaux proformes désignant des êtres humains :

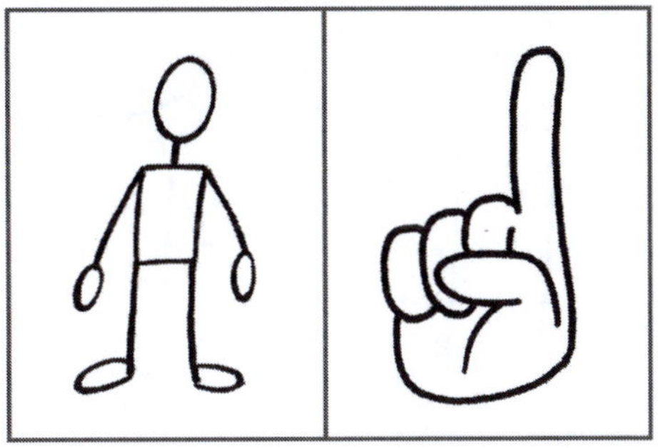

Ce proforme montre un être humain debout : l'index dressé fait référence à la forme globale allongée. Ce proforme pourra également être utilisé pour tout autre objet mince et allongé comme la tige d'une plante, un poteau électrique, l'aiguille d'une pendule qui tourne, la queue d'un chien qui s'agite, etc.

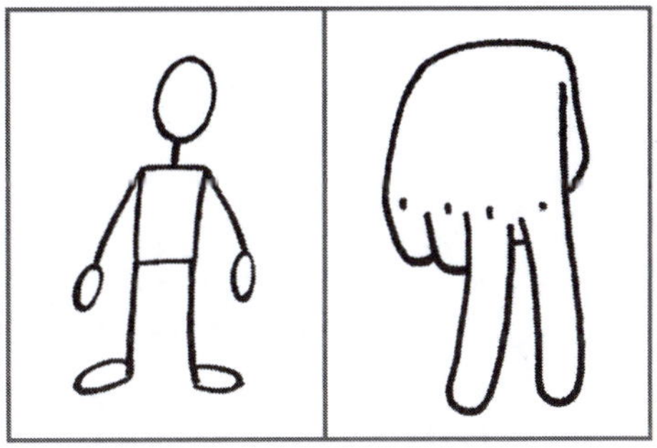

Ce proforme montre les jambes de l'individu. L'index et le majeur peuvent avancer en alternance pour désigner la marche. Et selon les mouvements et orientations utilisés, ce proforme pourra évoquer l'action de monter ou descendre un escalier, sauter, danser, monter sur un vélo, une moto, un cheval, ou encore nager, plonger, etc.

Le poing fermé présente ici la tête d'un personnage. Ce proforme peut être utilisé par exemple pour montrer les mouvements de la tête comme des hochements ou, avec les deux poings, les mouvements respectifs de deux personnages.

Le poing fermé se retrouve dans certains signes comme « d'accord » : les deux poings fermés en face à face ont un mouvement d'inclination montrant le signe d'approbation de la tête. Il sert plus généralement pour désigner tout objet sphérique comme un ballon – par exemple dans le signe « football ».

Pour un plan plus large, comprenant la tête et le buste, le proforme sera celui de l'avant-bras dressé (le buste) avec le poing fermé (la tête).

La focalisation sur les deux jambes peut être marquée par le proforme ci-dessous : les deux index tendus vers le bas. Il est proche de celui de la page précédente (index et majeur dressés vers le bas), mais l'indépendance des deux mains permet une plus grande variété de mouvements. Ce proforme permet ainsi de montrer une diversité de démarches (claudiquante, martiale, hésitante...) ou encore des gestes précis. Quelques exemples : ce proforme peut être utilisé pour montrer des mouvements de jambe comme des pas de danse, ou encore des positions de tir au football – on peut le voir notamment lors de descriptions de matches de football, pour montrer la position d'un tireur au moment de sa frappe ou un geste technique particulier (tacle, retourné, ciseaux, etc.).

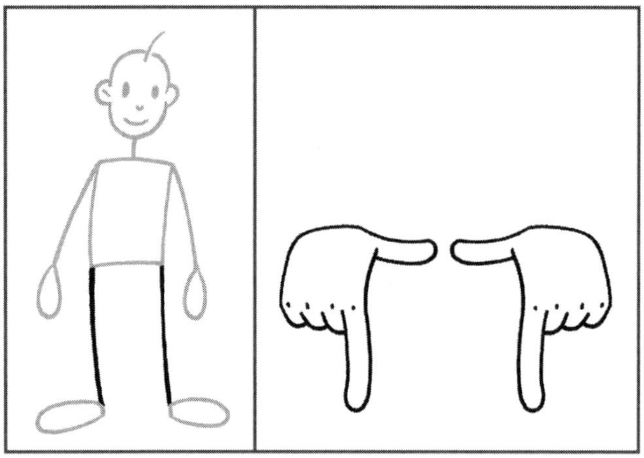

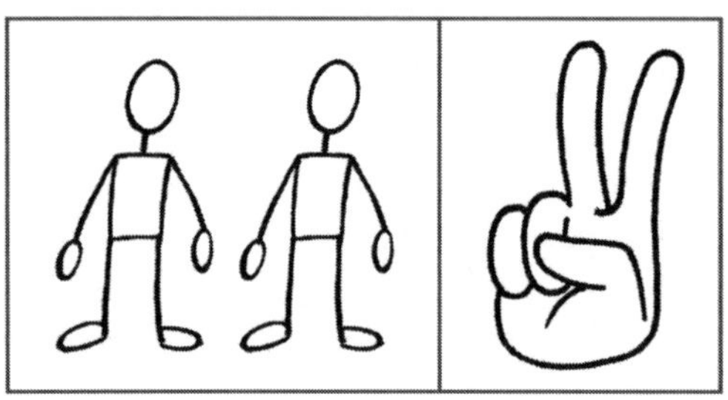

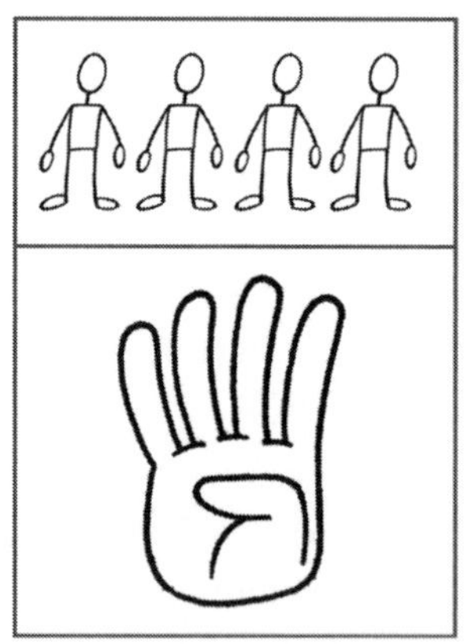

Pour signifier deux êtres humains debouts, côte à côte, le proforme présente l'index et le majeur dressés ; puis le pouce, l'index et le majeur pour trois personnes, et quatre doigts dressés, le pouce replié, pour quatre personnes.

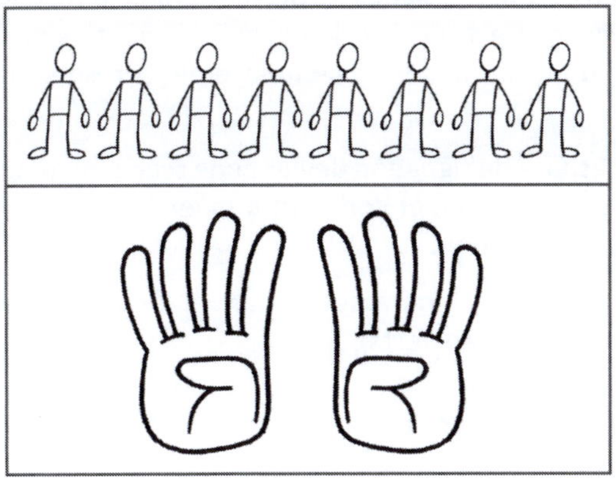

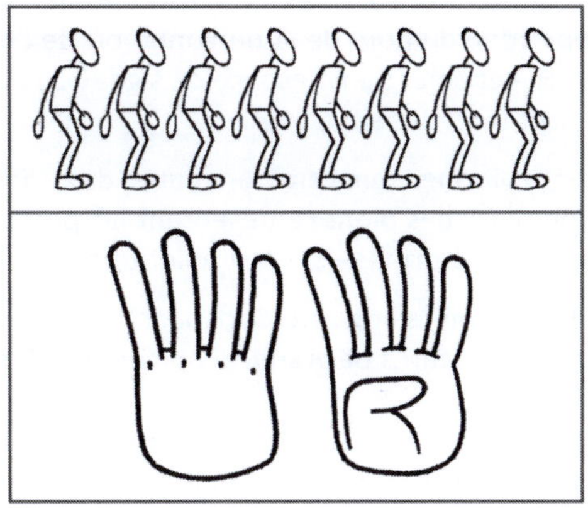

Cette dernière configuration permet d'évoquer un grand nombre de personnes, selon différentes situations :

- les deux mains tournées dans le même sens, s'écartant l'une de l'autre vers l'extérieur, signifient un nombre important de personnes alignées côte à côte
- les deux mains tournées l'une dans un sens, l'autre dans l'autre sens, s'écartant l'une de l'autre, présentent une file de personnes faisant la queue
- les deux mains tournées dans le même sens, avec les mouvements adaptés, peuvent présenter des rangées de personnes les unes derrière les autres, des rangées de personnes disposées en cercle ou en carré, etc.

Les deux pouces dressés, avec un mouvement vers l'avant, présentent deux personnes qui se suivent ; les deux mains peuvent également être côte à côte, à distance, l'une passer devant l'autre... selon la situation évoquée.

Pour décrire la démarche d'une personne, on peut se focaliser sur les pieds, comme pour les expressions : à pas de loup ou à pas feutrés. Le proforme utilisé est alors constitué des deux mains à plat, doigts serrés, figurant les deux pieds.

Ce proforme peut présenter une démarche, mais également tout mouvement des pieds comme des pas de danse, la description d'une posture, etc. Il sert également pour présenter la marche d'un certain nombre d'animaux (mammifères...). Pour d'autres animaux comme les palmipèdes, la configuration utilisée pour désigner les pattes sera celle du chiffre 3, orientée paume vers le sol, ou encore le poing fermé (chevaux, éléphants...).

Focaliser sur la démarche permet d'évoquer des attitudes comme la prudence, la méfiance, la précipitation...

Les proformes sont très fréquents dans les discours en langue des signes. Ils permettent en effet d'éviter la répétition du nom de la personne ou de l'objet désigné, mais surtout de placer aisément ce personnage ou cet objet dans l'espace de signation et ainsi de pouvoir montrer les emplacements respectifs, les déplacements, les situations.

Les proformes sont caractéristiques des transferts : l'espace de signation devient une scène miniaturisée où l'on place des pions représentant les personnages ou les objets, et l'on peut « jouer » avec ces pions – avec les proformes – pour simuler toute situation ou toute action.

Ainsi, selon le linguiste Christian Cuxac, le proforme désigne le paramètre manuel « configuration » dans les structures de grande iconicité (les différents types de transferts).

Sans mouvement, ce proforme montre les jambes pliées d'un être humain assis. Il peut être reproduit plusieurs fois côte à côte pour évoquer des personnes assises, par exemple sur un banc. Il peut être suivi de la configuration en V inversé pour montrer une personne qui se lève, ou inversement.

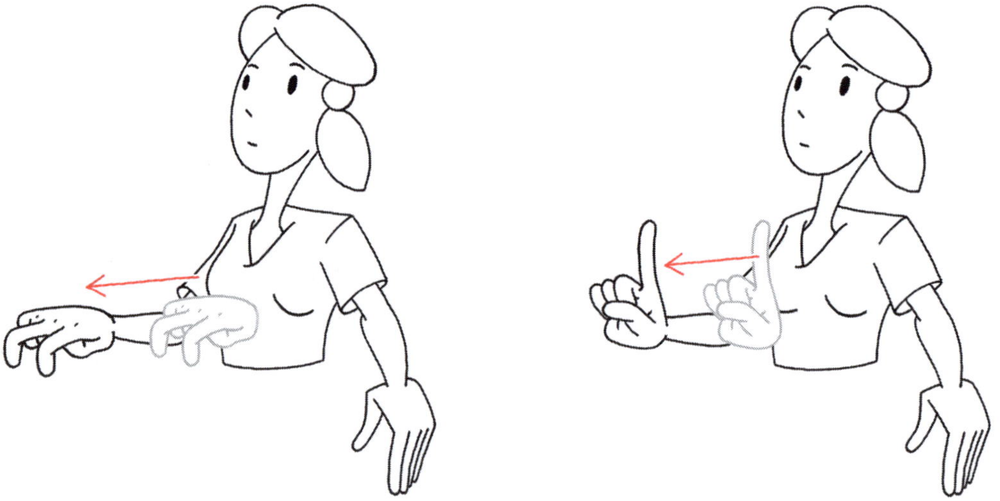

Pour indiquer le déplacement d'un être humain, différents proformes peuvent être utilisés, comme les deux ci-dessus.

Le premier met l'accent sur les jambes qui se déplacent, et donc sur la course du personnage qui va d'un point à un autre. Il est aussi utilisé pour le déplacement d'un quadrupède en transfert situationnel.

Le deuxième présente l'allure de l'être humain debout. Il est plus souvent utilisé soit pour décrire un mouvement particulier (le personnage avance, puis fait un détour, revient en arrière...), soit pour présenter un rapport – déplacement du personnage vis-à-vis du contexte (le personnage contourne une table, un véhicule, un obstacle...), ou déplacement du personnage vis-à-vis d'un autre personnage, figuré par l'index de l'autre main (ou vis-à-vis de deux autres personnages, figurés par l'index et le majeur...).

Doté d'un mouvement alternatif de l'index et du majeur, ce proforme pourra être utilisé pour désigner la démarche d'un animal (quadrupède).

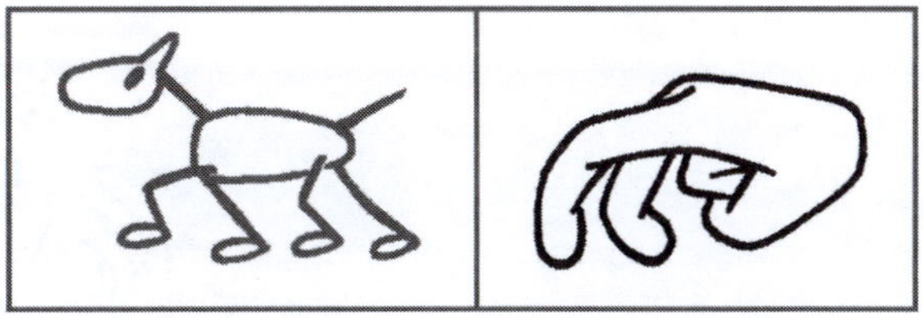

Remarques

Il existe d'autres proformes, notamment pour les objets ou les animaux. Ainsi, la configuration main plate-doigts serrés est fréquemment utilisée pour désigner toutes les surfaces planes (murs, sols, toits...) ou les objets de forme globale aplatie et allongée (voitures, motos, vélos...).

Les proformes gardent la possibilité, comme les noms ou les verbes, de voir un ou plusieurs de leurs paramètres modifiés afin d'en changer le sens. Un exemple : le proforme « objet plat et allongé » (main à plat, doigts serrés) utilisé pour représenter une voiture, peut, en contexte, être modifié par un repli des premières phalanges, désignant alors un véhicule ayant subi un choc par l'avant.

En cela, la langue des signes garde toujours un fort pouvoir de créativité : en contexte, tout locuteur, sans même en être forcément conscient, est capable de créer des signes nouveaux, notamment en modifiant un ou plusieurs paramètres d'un signe existant. Cependant, tous les signes ainsi créés ne sont pas toujours repris et diffusés : il faut pour cela qu'ils correspondent à ce que les autres locuteurs de la langue considèrent comme des signes appropriés.

Les proformes ont des propriétés graduelles. Ainsi, pour désigner un objet circulaire et allongé, les mains pourront prendre la forme d'un « 0 » resserré si l'objet est fin, ou s'ouvrir jusqu'à une configuration en « c » si l'objet est gros, avec toutes les étapes intermédiaires. Ou encore, la configuration « main plate », figurant le sol, une voiture ou une table notamment, est susceptible de prendre toute inclinaison correspondant à celle de l'objet en réalité.

Certains linguistes parlent de classificateurs plutôt que de proformes, catégorie que l'on trouve dans certaines langues vocales. Mais les propriétés particulières, notamment spatiales et gestuelles, des langues des signes rendent ces comparaisons interlangues peu évidentes.

ORANGE (FRUIT)

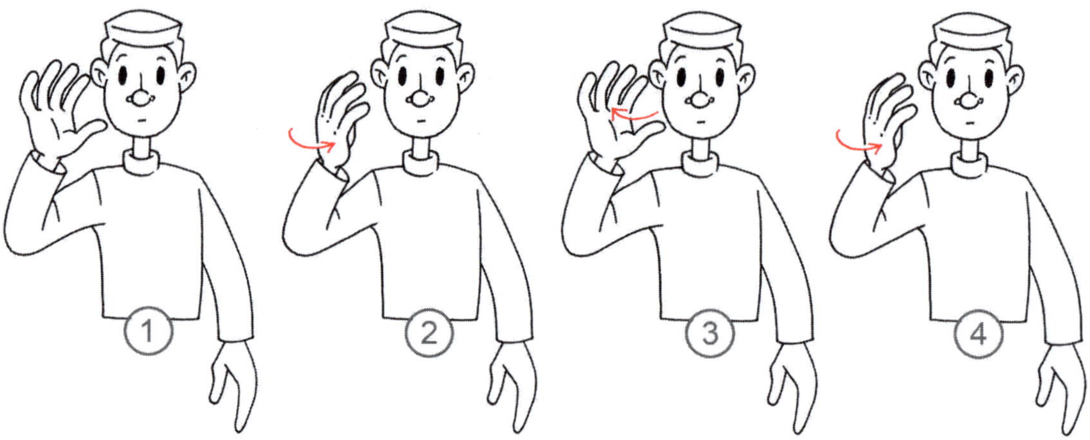

22 Quelques adjectifs

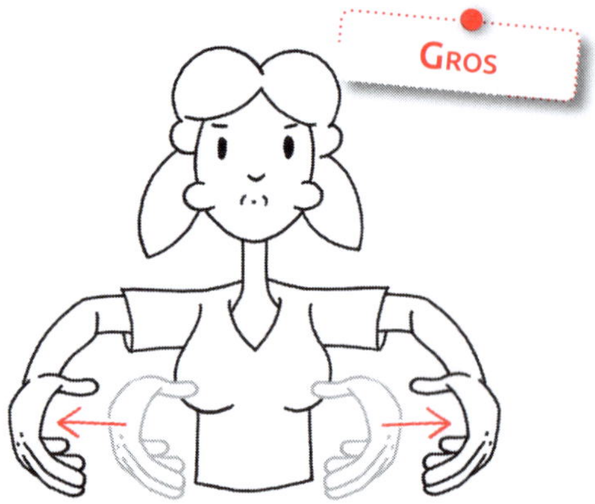

Ces signes doivent être adaptés à la réalité décrite : les signes « grand » et « petit » présentés ci-dessus correspondent à la description de la taille d'une personne. Pour un petit objet ou pour un monument par exemple, les signes seront différents. De même, il existe différents signes pour des adjectifs comme « gros » : s'agit-il d'une personne, d'un ballon, d'un fruit ?

Et, comme nous l'avons vu pour les signes « maison » ou « tableau », un certain nombre de noms peuvent inclure l'indication de leur taille notamment, auquel cas il n'est pas nécessaire d'ajouter un adjectif (sans oublier le rôle clé de l'expression faciale).

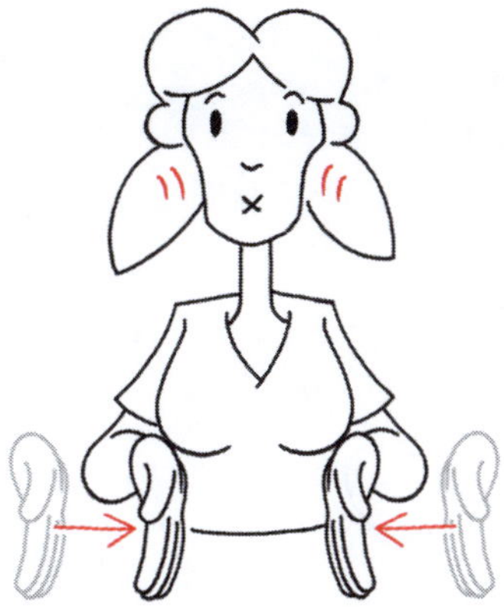

Maigre

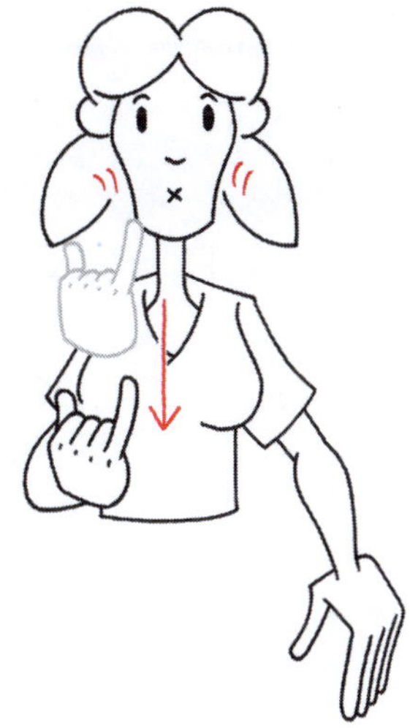

Mal

Mauvais

Remarque

Il est ici question d'adjectifs, de noms, de verbes... Il pourra, plus loin, être question d'adverbes, de pronoms, etc. Il faut toutefois être prudent : les catégories grammaticales diffèrent d'une langue à l'autre et on ne peut plaquer ainsi les catégories d'une langue sur une autre sans études linguistiques approfondies.

Or les recherches linguistiques sur les langues des signes sont relativement récentes (quelques dizaines d'années), et les premières recherches ont montré que les langues des signes disposent de structures spécifiques, comme les transferts ou les proformes. En effet, ces langues étant basées sur l'expression visuo-gestuelle et non sur la voix, les contraintes imposées au mode d'expression entraînent une organisation particulière de la langue, tant pour la production des signes que pour l'organisation de la phrase.

Si l'on emploie ainsi les termes de la grammaire « traditionnelle », c'est par souci de simplification, en attendant que les futures recherches linguistiques permettent de déterminer de manière plus précise et complète l'ensemble des structures qui régissent le fonctionnement des langues des signes.

École

Université

23 Le corps

Les parties du corps sont le plus souvent simplement désignées par leur pointage ou leur emplacement.

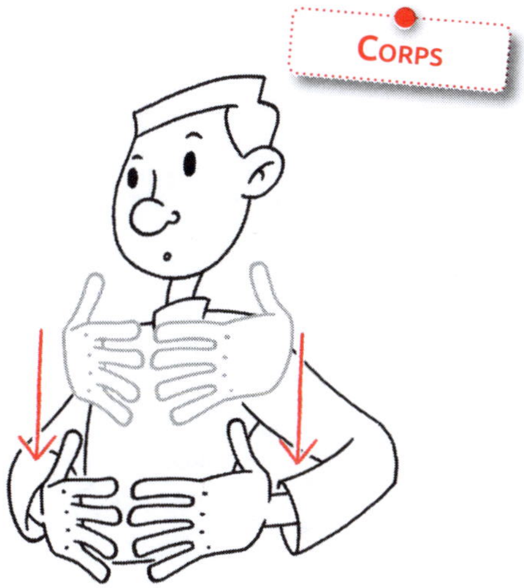

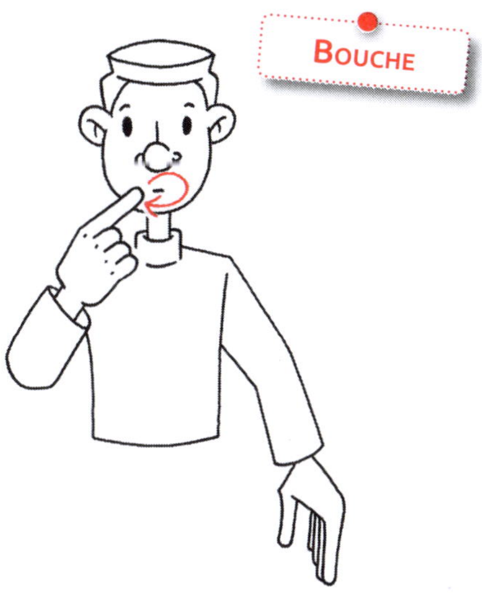

Nez

Œil

Oreille

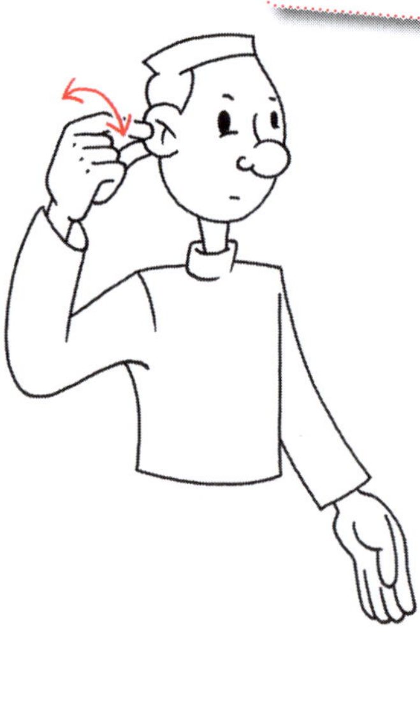

Tête

Ce dernier signe, « pied », se distingue des précédents car il ne montre pas directement la partie du corps concernée. En effet, en langue des signes, toute l'expression est contenue dans l'espace de signation qui s'arrête généralement à la taille.

Il existe des exceptions pour certains signes comme « jambon » : celui-ci se réalise en touchant le haut de la cuisse. Mais pour cela, il n'est pas nécessaire de se pencher.

C'est une des différences entre la langue des signes et le mime ou l'expression corporelle qui autorisent, par exemple, de se pencher pour désigner le pied ou pour montrer que l'on ramasse une fleur.

En langue des signes, le sol est placé au niveau de la taille, et l'on utilise, pour désigner ce qui se trouve en réalité plus bas que la taille, soit des signes standards, soit des descriptions (transferts de taille et de forme), soit des proformes.

Pour le signe « pied », l'ensemble du pied est représenté par la main dominée (la main à plat), et l'autre main sert à désigner la partie dont on veut parler : le signe ci-dessus, mettant en avant l'ensemble des orteils, désigne le pied. Pour parler de la cheville, la main dominante saisit le poignet de la main dominée. Pour désigner le talon, la main dominante tapote la paume de la main dominée. Pour parler d'un orteil en particulier, le doigt correspondant de la main dominée sera pointé par l'index de la main dominante...

Pour signer « une personne », le mouvement du pouce et de l'index vers le bas montre la forme stylisée d'une personne debout. Le signe « sport » fait référence au biceps d'un athlète. Le signe « content » était réalisé à l'orgine au niveau du cœur. Par économie linguistique, il s'est déplacé au niveau du torse. « Triste » montre le visage fermé, qui s'allonge à cause de cette douleur.

24 La famille

Le signe « famille », par son mouvement circulaire des doigts qui se réunissent, évoque le cercle familial uni par un même lien. Le signe « papa » ou « père » fait référence à la moustache masculine tandis que « mère » ou « maman » est un écho à la bride d'une coiffe.

« Fils » est un signe qui a évolué : à l'origine, il faisait référence à l'engendrement. « Fille » est une dérivation du signe « mère ». D'autres signes prennent la configuration de la première lettre du terme français. Plusieurs de ces signes ont différentes variantes locales.

Fils

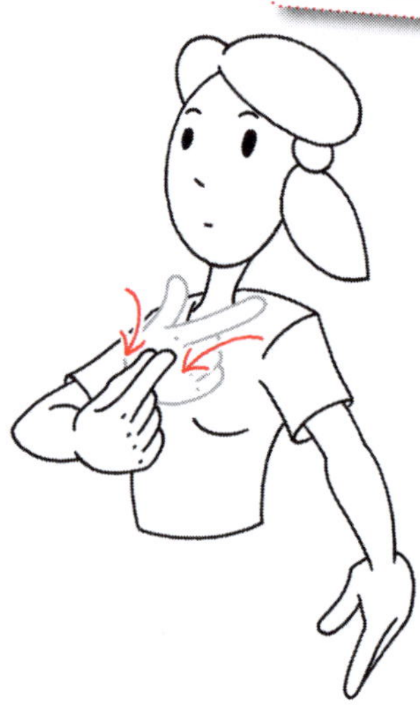

Fille

Frère

Sœur

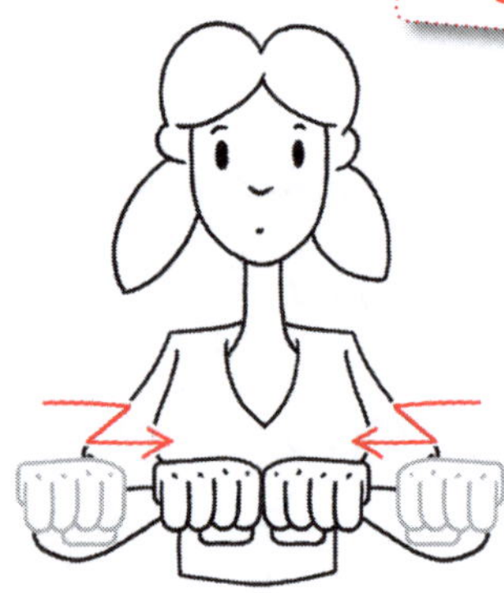

Grand-Père

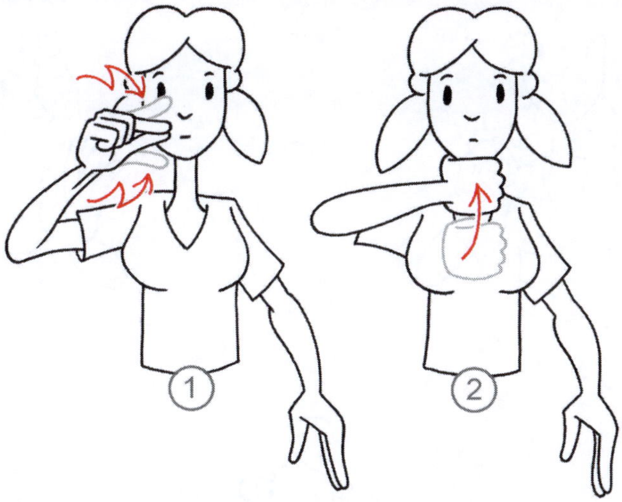

Grand-Mère

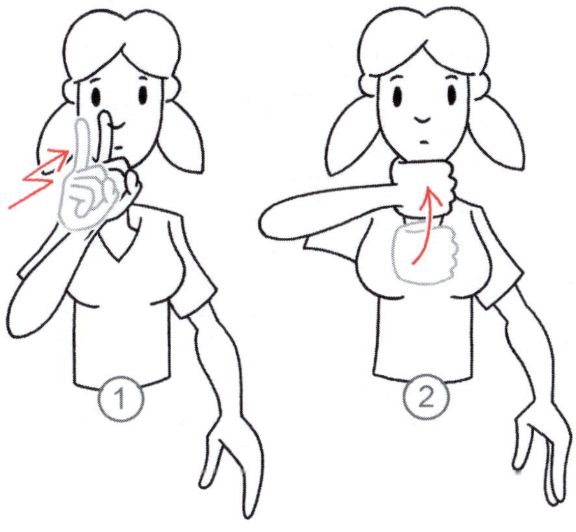

Oncle

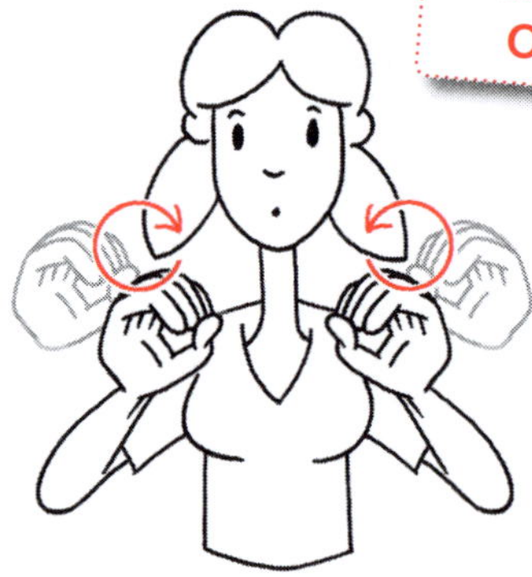

Tante

Cousin

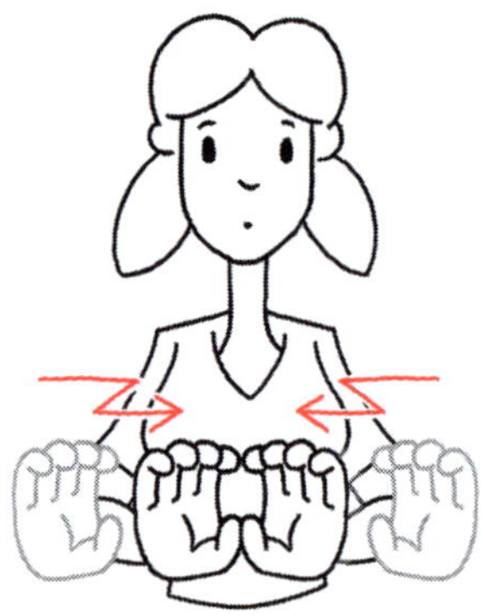

Remarque

Les familles comprenant des sourds sur plusieurs générations ont une aura particulière dans la communauté sourde, notamment parce qu'elles sont un lieu important de transmission de la langue des signes. Voir notamment : Armand Pelletier et Yves Delaporte, *Moi, Armand, né sourd et muet,* Plon, Terres humaines, 2002.

Les enfants entendants de parents sourds (EEPS, appelés aussi CODA, Children Of Deaf Adults) ont également une place un peu spéciale car un certain nombre d'entre eux sont bilingues et peuvent mener des actions pour la communauté sourde. Voir notamment : Véronique Poulain, *Les mots qu'on ne me dit pas,* Stock, 2014.

25 La maison

W.C.

Couloir

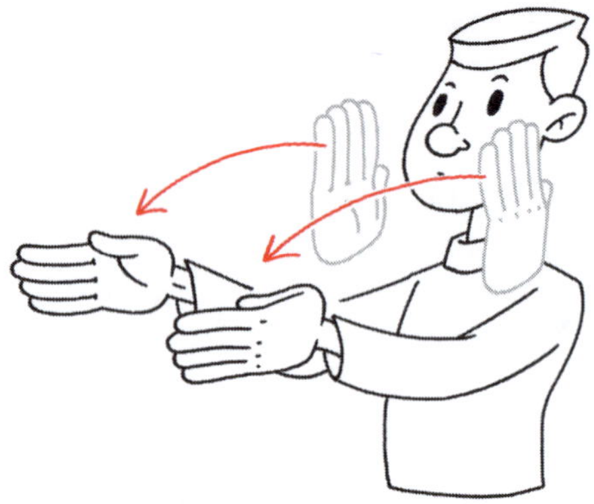

L'origine iconique de ces signes est claire : se frotter pour la salle de bains, fumer un cigare pour le salon, tourner une cuillère dans une tasse pour la cuisine... Un des signes pour w.c. *est la dactylologie de ces deux lettres.*

Le signe « couloir » peut être adapté en fonction du contexte : plus étroit ou plus large, tout droit ou en angle...

Salle de bain

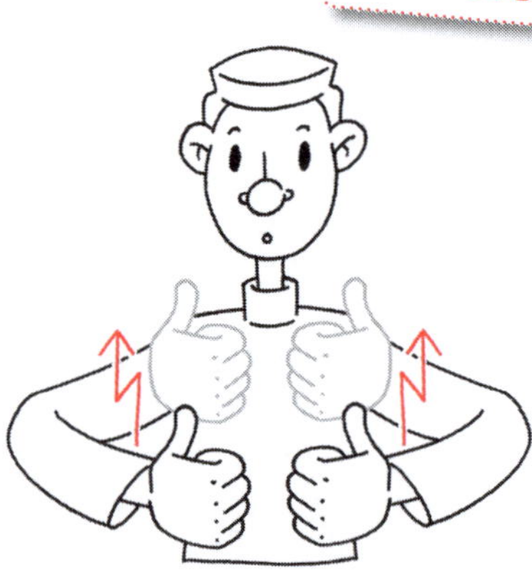

Bureau

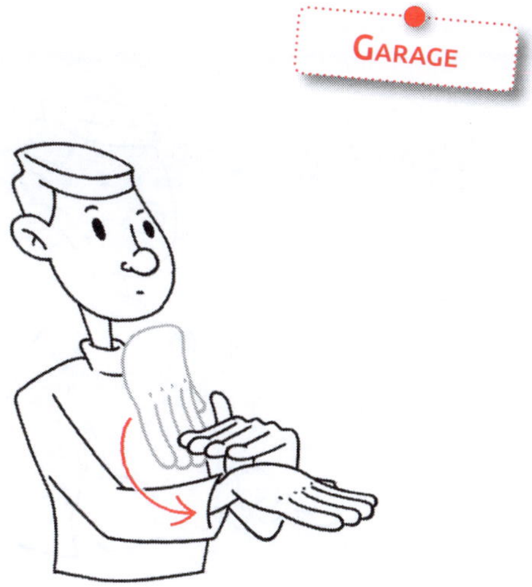

Exercice

Signez la disposition de votre appartement ou maison.

Placez-vous, mentalement, devant la porte d'entrée, puis présentez les pièces les unes par rapport aux autres, comme si vous les parcouriez : à droite, telle pièce, puis en enfilade telle autre pièce, etc. Veillez à tracer dans l'espace de signation un plan de l'habitation suffisamment précis pour que l'interlocuteur puisse se représenter cette disposition. D'ailleurs, vous pouvez effectuer cet exercice face à une personne qui ne connaît pas votre logement, et lui demander de dessiner ce plan tel qu'elle l'a compris d'après votre description signée. Vous pourrez ainsi vérifier si votre expression a été claire.

Une fois ce premier exercice maîtrisé, vous pouvez le complexifier, en ajoutant par exemple des meubles, des objets, des tableaux... Puis effectuer le même exercice avec d'autres plans : votre lieu de travail, votre centre commercial, etc.

Si vous ne pouvez pas effectuer cet exercice en face à face, vous pouvez vous filmer, puis présenter cette vidéo, par la suite, à des personnes sourdes ou à des personnes qui apprennent la langue des signes.

CHAISE

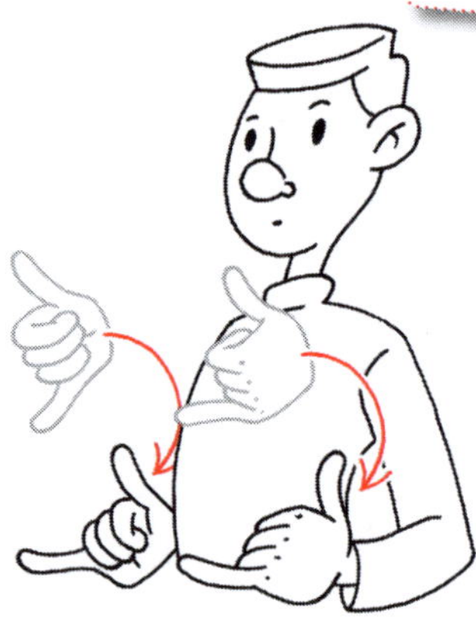

FAUTEUIL

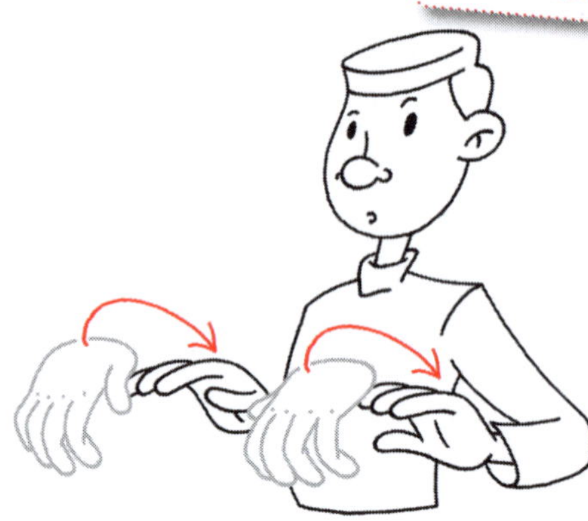

CANAPÉ

TABLE

Remarque

Le logement peut être l'objet de divers aménagements pour une meilleure adaptation aux personnes sourdes : flash lumineux pour la porte d'entrée ou l'alarme incendie, disposition des ouvertures facilitant la vue entre les pièces communes (cuisine américaine, transparence de certaines portes intérieures...), attention aux perspectives visuelles vers l'intérieur et l'extérieur.

26 Les vêtements

S'habiller

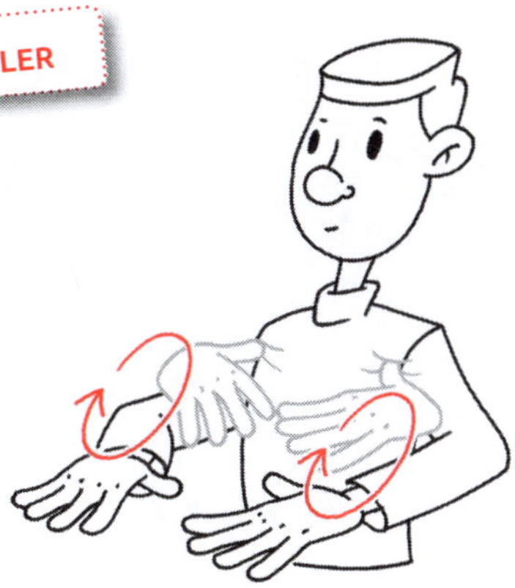

Se déshabiller

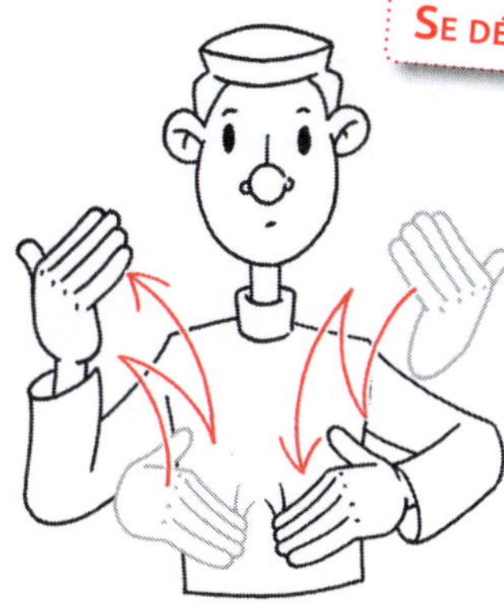

Chemise

Pantalon

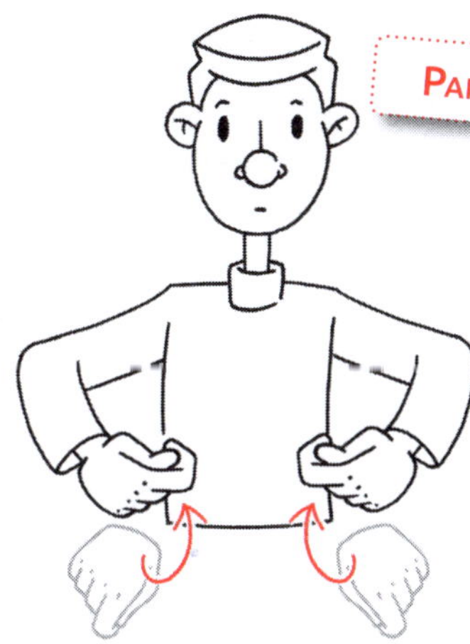

Jupe

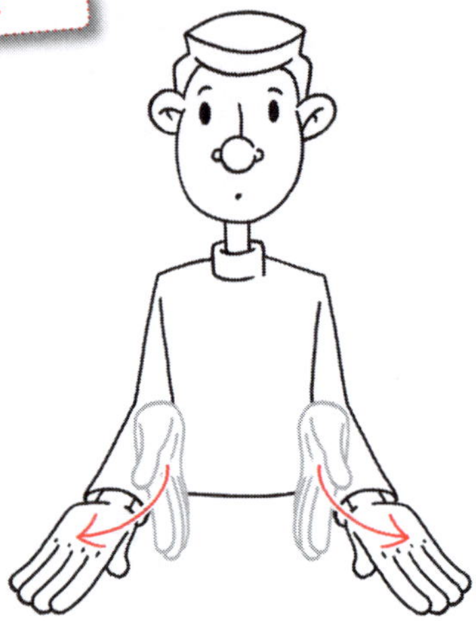

Robe

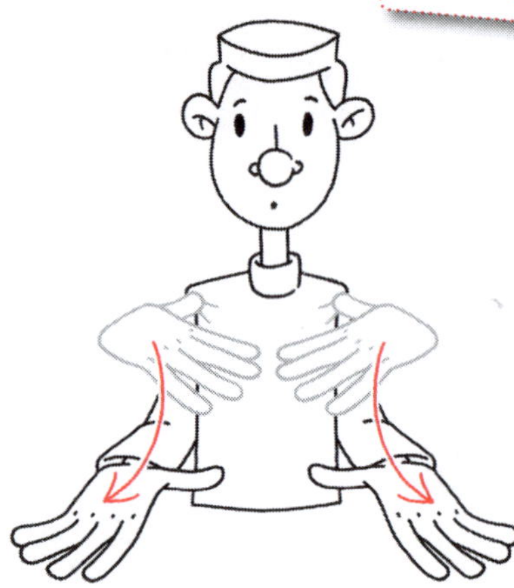

Pull

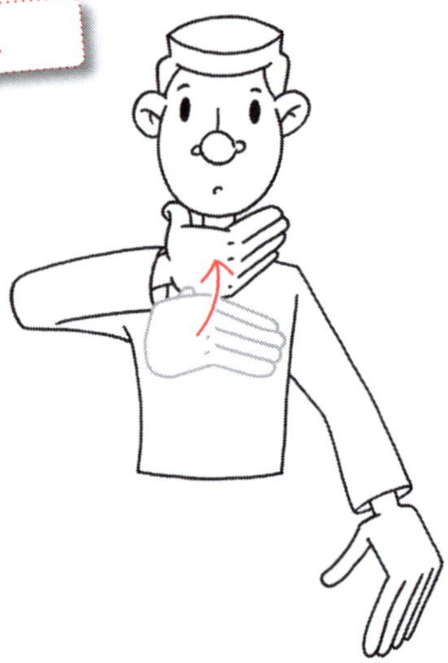

Slip

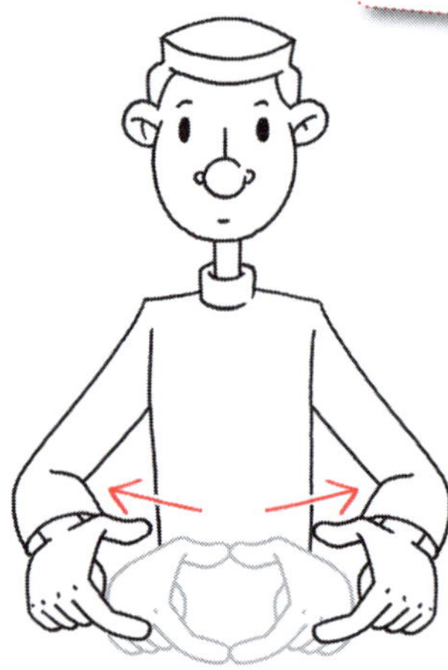

Exercice

À partir des signes que vous avez appris jusqu'à présent, et, pour les signes que vous ne connaissez pas, à partir de descriptions gestuelles, essayez de présenter en signes les vêtements que vous portez : formes, tailles, couleurs... Lorsque l'on débute dans l'apprentissage de la langue des signes, et dans celui de la communication gestuelle en général, il peut être difficile de prendre du recul sur sa propre expression : on peut, par exemple, penser être clair alors qu'on ne l'est pas, ou au contraire ne pas avoir conscience des expressions intéressantes que l'on a pu employer.

Une méthode efficace consiste à se filmer. Cela est aujourd'hui relativement facile avec les webcams, smartphones et autres outils. Il est alors possible de regarder sa propre production signée avec davantage de distance : par exemple, reprendre quelques jours ou quelques semaines plus tard un enregistrement que l'on a effectué, et se rendre compte que l'on ne comprend pas ce qu'on a voulu signifier, ou bien présenter cet enregistrement à d'autres personnes (famille, amis...) et leur demander ce qu'ils comprennent.

Ce type d'exercice peut être intimidant lorsqu'on n'en a pas l'habitude, mais c'est un excellent moyen pour travailler et progresser.

Lorsque l'on s'aperçoit que son expression peut être relativement claire et comprise, cela permet également de se désinhiber et d'entrer plus facilement en contact avec les personnes sourdes.

Pratique

Un des moyens pour regarder et s'imprégner de langue des signes est la télévision.

L'Œil et la main est une collection documentaire ayant comme point de départ les interrogations originales des sourds. Les sujets et les problématiques traitées ouvrent un espace de rencontre entre sourds et entendants où s'échangent regards et points de vue sur le monde.

C'est une émission bilingue français-langue des signes. Diffusée sur France 5 le lundi à 8h30, rediffusée le samedi à 23h45.

En rediffusion sur : http://www.france5.fr/emissions/l-oeil-et-la-main

Un coffret de 8 DVD est disponible via l'ADAV.

La langue des signes est également diffusée à la télévision :

- Sur trois chaînes hertziennes généralistes publiques :
  - France 2 avec le journal d'information diffusé le matin à 6h30 et 8h30 ;
  - France 3 avec les questions parlementaires du mercredi après-midi ;
  - France 5 avec l'émission L'œil et la main.
- Sur trois chaînes d'information de la TNT : du lundi au vendredi :
  - BFM TV avec un journal d'information à 13 heures ;
  - I-Télé avec un journal d'information à 16 heures 30, également diffusé sur le site internet de la chaîne ;
  - LCI avec un journal d'information à 20 heures.
- Sur une chaîne de sport :
  - Infosport avec un journal d'information à 15h en semaine et 15h30 le week-end.
- Sur les trois chaînes pour les enfants de 3 à 6 ans :
  - Piwi avec deux émissions *Au pays des signes* (apprentissage) et *Barbapapa* (émission de la grille traduite en LSF) ;
  - Disney Juniors (ex Playhouse Disney) avec deux émissions *Bali* (apprentissage) et *Les escapades de Winnie l'ourson* (émission de la grille traduite en LSF) ;
  - Tiji avec deux émissions *Sur le bout des doigts* (apprentissage) et *Devine quoi* (émission de la grille traduite en LSF dans un encadré en bas de l'écran).
- Sur deux chaînes pour enfants de 4 à 14 ans :
  - Gulli (chaîne de la TNT gratuite) et Canal J avec *Fais-moi signe* (apprentissage de la LSF) et *À qui veut l'entendre* qui permet de suivre pendant plusieurs jours l'immersion d'une jeune fille entendante dans le monde des sourds afin de mieux comprendre leurs difficultés et également leur façon d'appréhender le monde.

27 La nourriture

FAIM

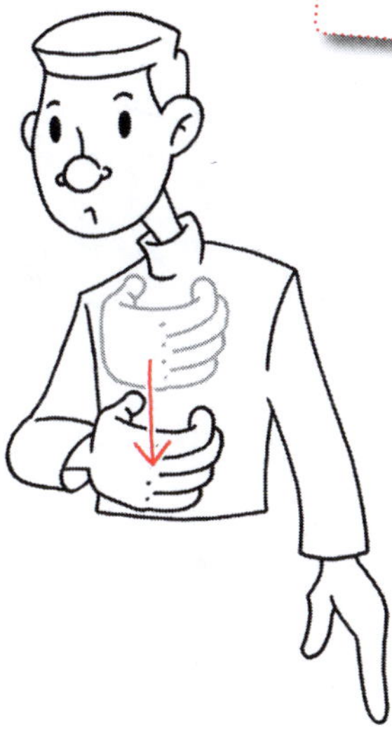

SOIF

VIANDE

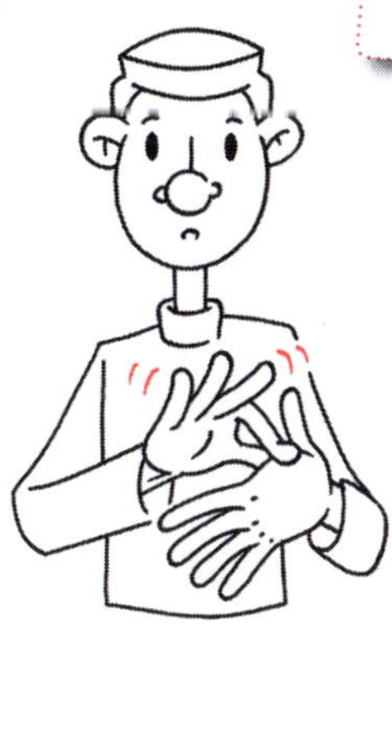

LÉGUME

FRUIT

GÂTEAU

FRITES

GLACE

28 La communication

Contact

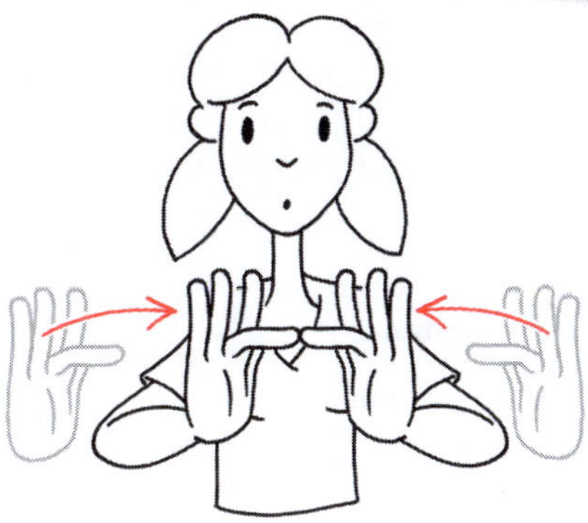

Courriel

Parler

Lettre (courrier)

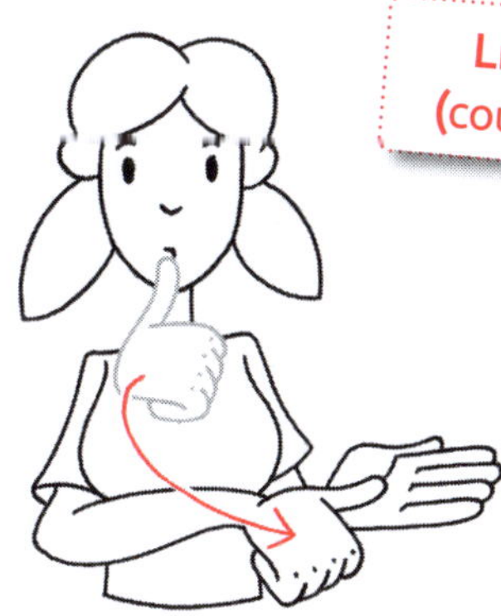

Ces trois verbes sont orientables en fonction du sujet et du destinataire.

Le verbe « informer » avec un mouvement vers l'avant signifie : j'informe. Avec un mouvement vers le locuteur, il signifie : je suis informé. « Poser une question », avec l'index tourné vers l'interlocuteur, signifie que le locuteur pose une question ; si l'index est tourné vers le locuteur, c'est l'interlocuteur qui pose une question. De même pour « répondre » : si le mouvement est vers l'avant, le locuteur répond ; si le mouvement est inverse, l'interlocuteur répond.

Si une troisième personne est impliquée, le mouvement se fera vers ou à partir d'un côté (droit ou gauche selon les emplacements attribués aux actants dans l'espace de signation).

Ce verbe est présenté plus haut dans une version un peu différente : ici, le mouvement est rotatif et non de bas en haut. Certaines variations dans l'effectuation du signe ne sont pas signifiantes : elles peuvent dépendre de variations régionales ou locales, voire personnelles. Il peut être difficile, pour un débutant, de distinguer les variations signifiantes – comme celles liées à la taille de l'objet désigné, et les variations sans changement de sens. Cette maîtrise viendra au fur et à mesure de l'apprentissage.

En français de même, il existe également différentes particularités régionales, locales ou personnelles, comme celles liées à l'accent, sans que ces différences ne changent le sens de ce qui est dit.

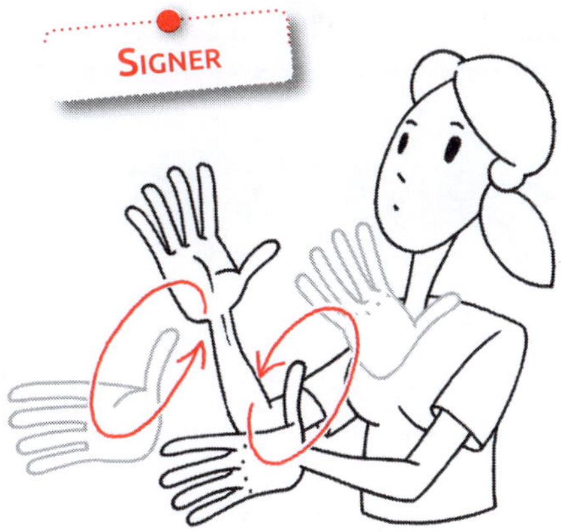

Quelques signes

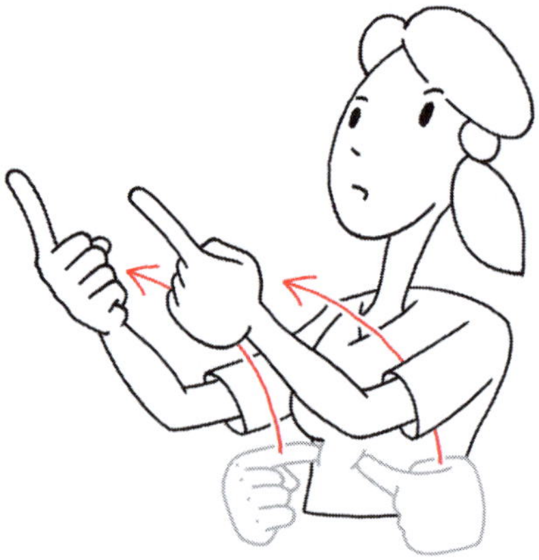

Aller

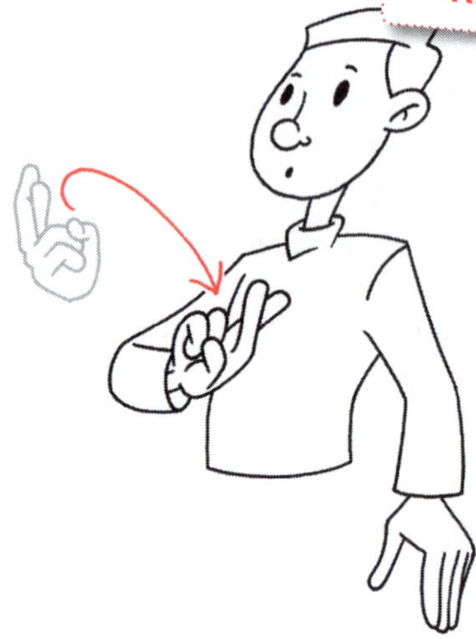

Retour

Écrire

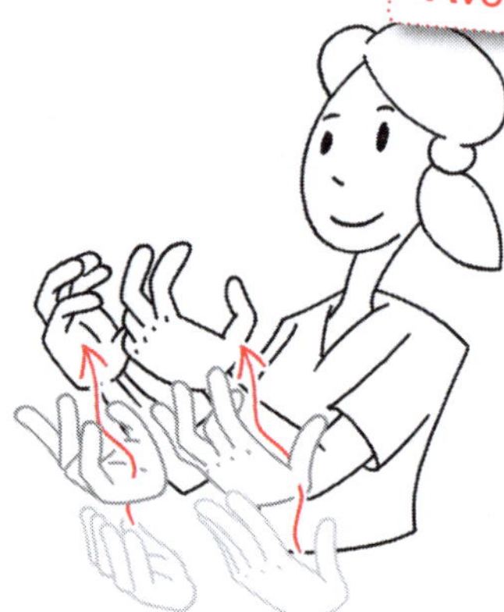

Avoir envie

29 La nature

Terre

Eau

Feu

Air

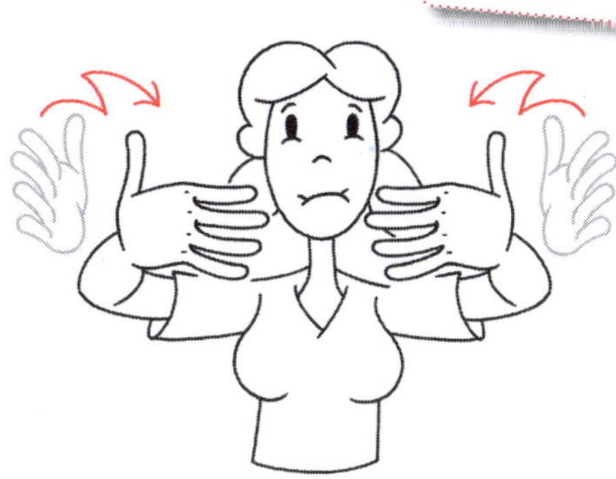

Soleil

Nature

Lune

Pluie

ORAGE

VENT

NEIGE

NUAGE

Il existe différents signes pour les saisons ; mais ceux-ci font généralement référence à l'éclosion pour le printemps, à la chaleur pour l'été, aux feuilles qui tombent pour l'automne et au froid pour l'hiver.

30 Premiers énoncés

JE LIS UN LIVRE

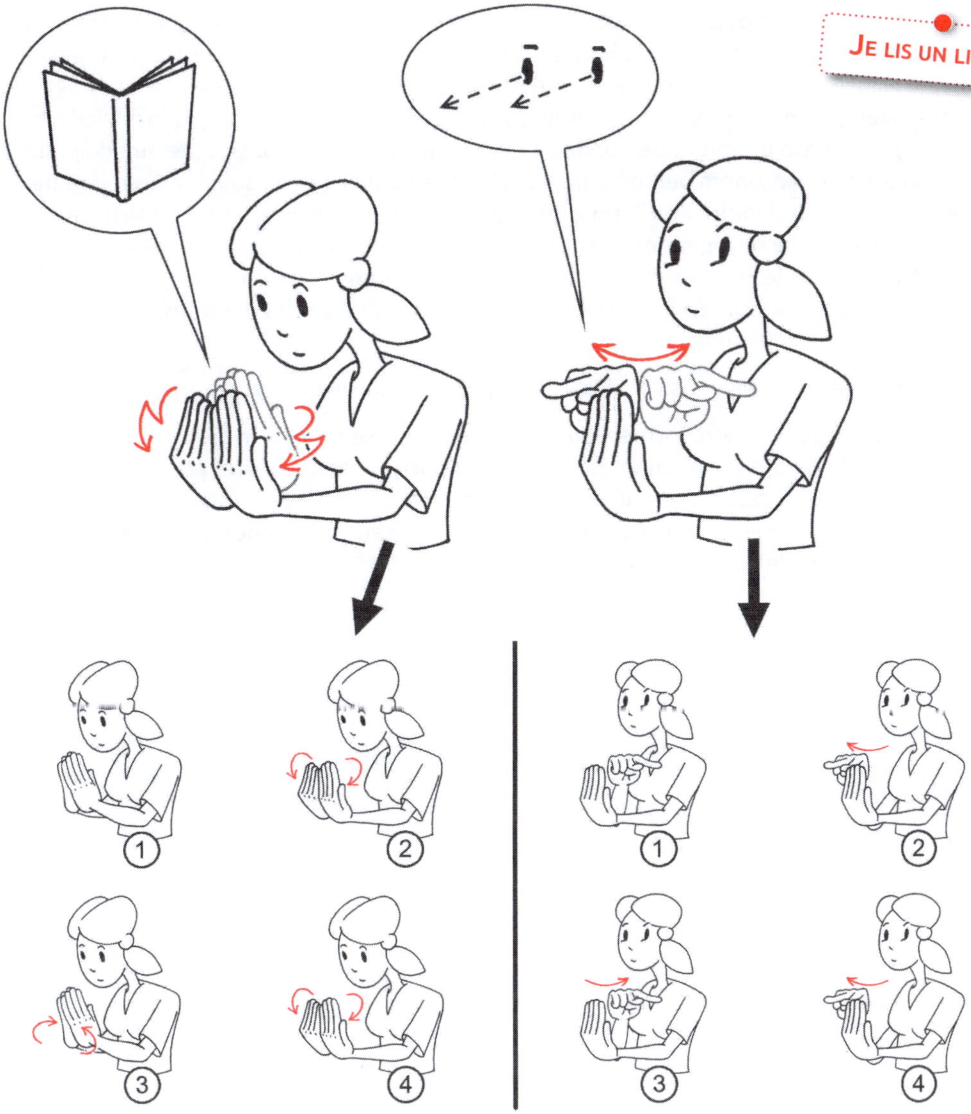

En couverture, est reproduite la phrase : « Je lis un livre ».

Pour le premier signe, « livre » les deux mains à plat s'ouvrent vers l'extérieur. Le mouvement peut être répété deux fois.

Le deuxième signe, « lire », est effectué par la main dominante (ici la main droite) : l'index et le majeur sont tendus, les autres doigts repliés. Un mouvement est effectué de gauche à droite (pour les langues des signes pratiquées dans un pays dont la langue vocale ne s'écrit pas de gauche à droite, le mouvement pourrait être différent).

La main dominée garde la même configuration et le même emplacement que lors du premier signe, et le verbe est orienté vers cette main (vers le livre lu).

S'il s'agit de lire une inscription sur le sol, le verbe « lire » (l'index et le majeur) sera orienté vers le sol... Il est orienté vers son objet – ce qui est lu. C'est pourquoi l'objet (le livre) doit être signé avant le verbe, afin de déterminer vers quelle direction le verbe doit être orienté. D'autre part, le signe « lire » est orienté de la locutrice vers le livre : le poignet est du côté de la locutrice, et les deux doigts dressés se dirigent vers l'avant, comme ses yeux sont dirigés vers l'avant. En l'occurrence, la locutrice est le sujet de la phrase ; celle-ci est à la première personne : « je lis un livre ». Il n'est pas nécessaire d'ajouter un pointage vers la locutrice (un pronom personnel) : en l'absence de marque de sujet, la première personne est présupposée. Si l'on veut signifier : « il lit un livre », le poignet sera tourné du côté où se trouve la personne en question dans l'espace de signation – en général sur un côté, et toujours dirigé vers l'emplacement du livre. Attention : tous les verbes ne sont pas orientables – un certain nombre, notamment liés à des emplacements sur le corps, sont fixes. Ils nécessitent alors l'ajout d'autres marques, comme les pointages, pour signifier l'agent et le patient.

Comme pour différentes langues vocales, il n'y a pas d'article en langue des signes.

Une phrase complète peut être formée d'un seul signe. Par exemple : « Je pars. » La première personne étant marquée par le regard du locuteur, le seul signe « partir », en contexte, pourra former une phrase. Bien sûr, la majorité des phrases sont plus complexes, pouvant comporter plusieurs verbes, des pronoms, des adjectifs, des compléments d'objet, circonstanciels, d'agent, etc. (pour employer des termes de la grammaire « traditionnelle », même si ceux-ci ne correspondent pas exactement aux structures propres des langues des signes).

Je me promène en forêt

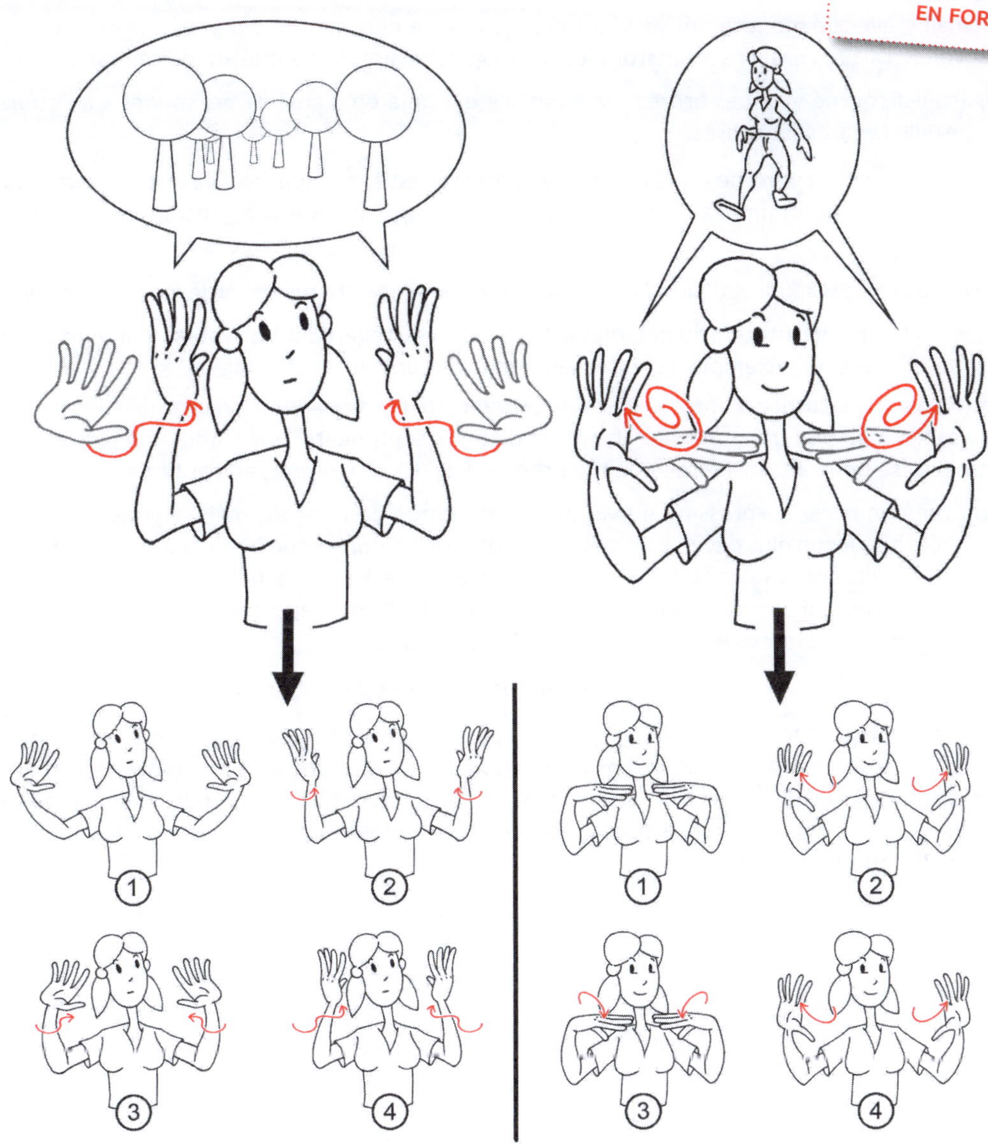

Le premier signe, « forêt », reprend la configuration et l'orientation du signe « arbre », mais effectué des deux mains, avec un mouvement vers l'arrière. Ce mouvement simule la perception du promeneur en forêt, qui voit les arbres passer sur sa droite et sur sa gauche au fur et à mesure de sa marche.

Le regard est tourné vers ces arbres : la locutrice est déjà en transfert personnel – au cours de sa promenade, elle regarde les arbres.

Le deuxième signe est le verbe « se promener ». Ce verbe est également réalisé en transfert personnel : la locutrice sourit (contrairement au verbe sous sa forme neutre), manifestant ainsi sa joie de se promener en forêt.

Ainsi, ces deux signes apportent plus d'informations que la simple traduction : « je me promène en forêt » :

- d'une part, on voit l'attitude du personnage, la tête levée regardant les arbres ; le même signe aurait pu être effectué, par exemple, tête baissée, montrant une autre attitude
- d'autre part, la locutrice montre sa joie d'effectuer cette promenade ; là encore, une autre expression du visage aurait pu être employée, dénotant d'autres sentiments. Une traduction plus complète de cette phrase pourrait ainsi être : « Je me promène avec joie en forêt, en contemplant les arbres ».

On pourrait comparer l'expression du visage à l'intonation du français, mais le visage en langue des signes a un rôle beaucoup plus développé, beaucoup plus riche, porteur de beaucoup plus d'informations. Pour ce qui est de l'ordre des signes, cette phrase montre que le lieu est signé avant l'action. Il s'agit d'une règle de base de la grammaire de la langue des signes : le cadre temporel et spatial est généralement signé en premier, avant de présenter les personnages et les actions.

Ordre de base : temps – lieu – sujet – action.

Bien sûr, comme pour tout ordre de base, celui-ci peut être modifié pour apporter une information ou une nuance particulière, mais cette modification nécessitera des marques grammaticales particulières, comme des pointages ou des transferts. Cet ordre suit les caractéristiques de la perception et de l'expression visuelles : un film, par exemple, présente en général le cadre temporel et spatial avant de présenter les personnages puis les actions.

Le cadre temporel et spatial peut être omis s'il est connu *a priori* par l'interlocuteur.

31 L'espace de signation

L'organisation de l'espace de signation peut être complexe, selon la richesse de son propos et le nombre de personnages ou d'actants dont il est question. Un exemple.

La vidéo proposée lors de la deuxième épreuve du CAPES de langue des signes en 2011 présente le livre de Pierre Desloges : *Observations d'un sourd et muet...* (http://www.capeslsf.ac-versailles.fr/spip.php?article15).

L'auteur s'adresse à un lecteur. Celui-ci se voit donc attribué une place dans l'espace de signation, en face du locuteur – place habituelle de l'interlocuteur. En vue plongeante, cela donne :

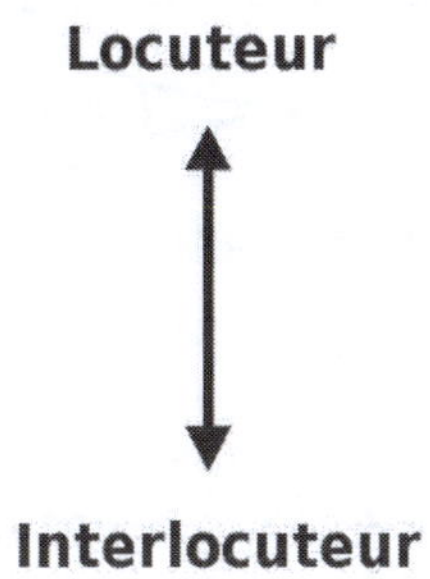

Puis l'auteur parle du grand public, dont fait partie le lecteur. Une place importante est donc réservée pour le grand public dans l'espace de signation, à côté de celle de l'interlocuteur.

Il est ensuite question de quelques personnes, issues du grand public, qui adressent des remarques particulières à l'auteur. Une place leur est attribuée à côté de celle du grand public.

Le discours présente une opposition principale : celle entre l'abbé de l'Epée et l'abbé Deschamps (pour ou contre la langue des signes). Ces deux personnages sont donc placés en opposition : l'un à droite, l'autre à gauche.

Abbé de l'Epée ⟷ Abbé Deschamps

Deux autres thèmes sont abordés : la langue des signes (on disait à l'époque « langage des signes ») et la communauté des sourds (on disait : « sourds-muets »).

Près de la place attribuée à l'abbé de l'Epée, deux autres espaces leur sont attribués : l'un à la langue des signes, l'autre aux sourds – les deux étant liés à l'abbé de l'Epée qui promeut la langue des signes et est en lien avec la communauté des sourds.

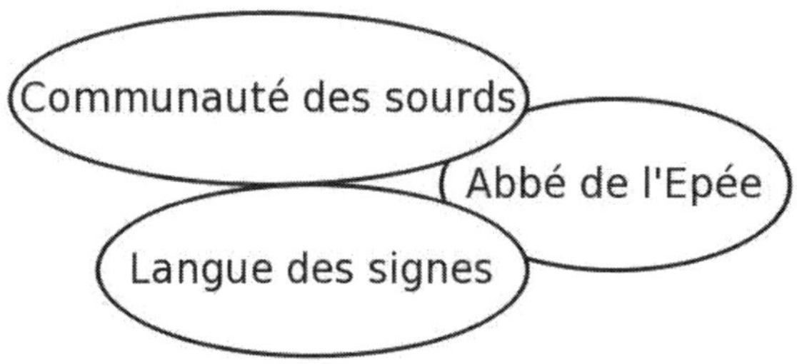

On aboutit donc à un schéma plus complexe comprenant quatre espaces principaux : l'auteur, le lecteur, l'abbé de l'Epée et l'abbé Deschamps, et quatre espaces secondaires : le grand public et quelques personnes liés à l'interlocuteur, la langue des signes et la communauté des sourds, liées à l'abbé de l'Epée.

Une fois ces places attribuées dans l'espace de signation, elles perdurent au long du discours et jusqu'à la fin, et il n'est donc plus besoin de répéter, par exemple, la mention de l'abbé Deschamps : la simple désignation de la place qui lui est attribuée, par un pointage ou l'orientation d'un signe, suffit pour savoir de qui l'on parle.

Il est possible cependant d'effacer un emplacement si le locuteur n'en a plus besoin et souhaite le réattribuer à un autre personnage ou thème.

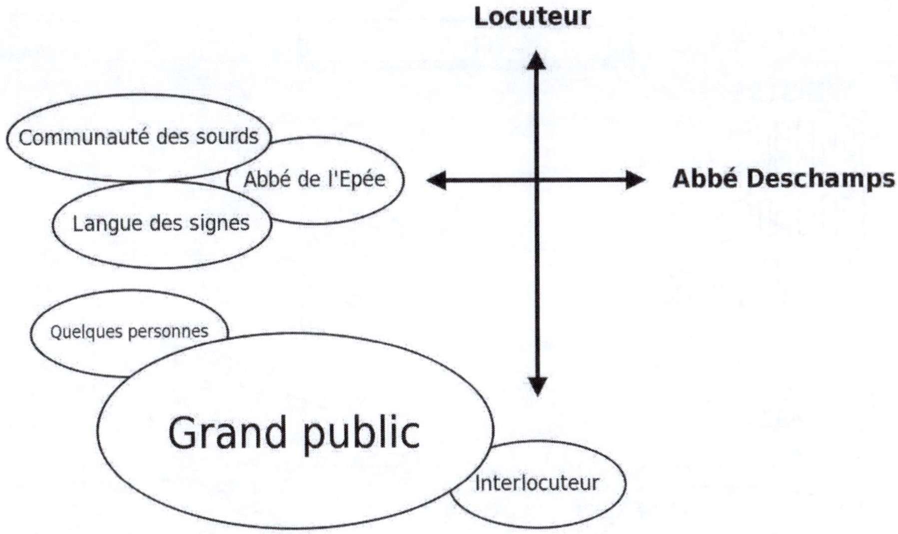

L'attribution de ces emplacements dans l'espace de signation n'est donc pas aléatoire : elle est basée sur le contenu du discours, les oppositions, les affinités, la place de l'interlocuteur...

Le rapport du jury du CAPES présente ainsi le schéma suivant (réalisé par Magdalena Lacroix et Jean-Louis Brugeille) :

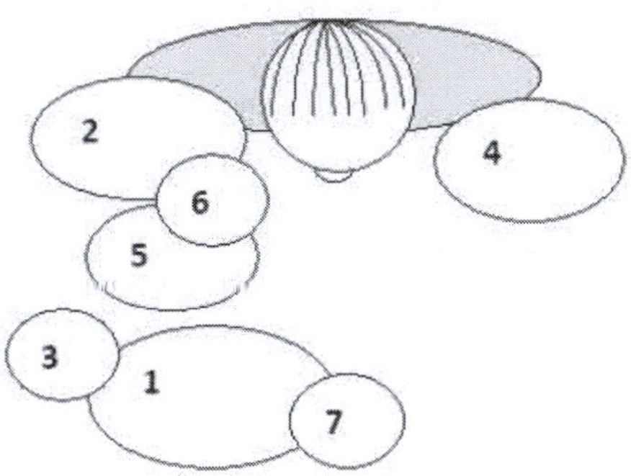

1. les gens (le grand public)
2. Les sourds-muets
3. Quelques personnes
4. L'abbé Deschamps
5. Le langage des signes
6. L'abbé de l'Épée
7. Le lecteur

Schéma de Magdalena Lacroix et Jean-Louis Brugeille
[http://www.capes-lsf.ac-versailles.fr/IMG/pdf/Rapport_CAPES_LSF_2011_186345.pdf]

LOI DU 11/02/2005, ART.6

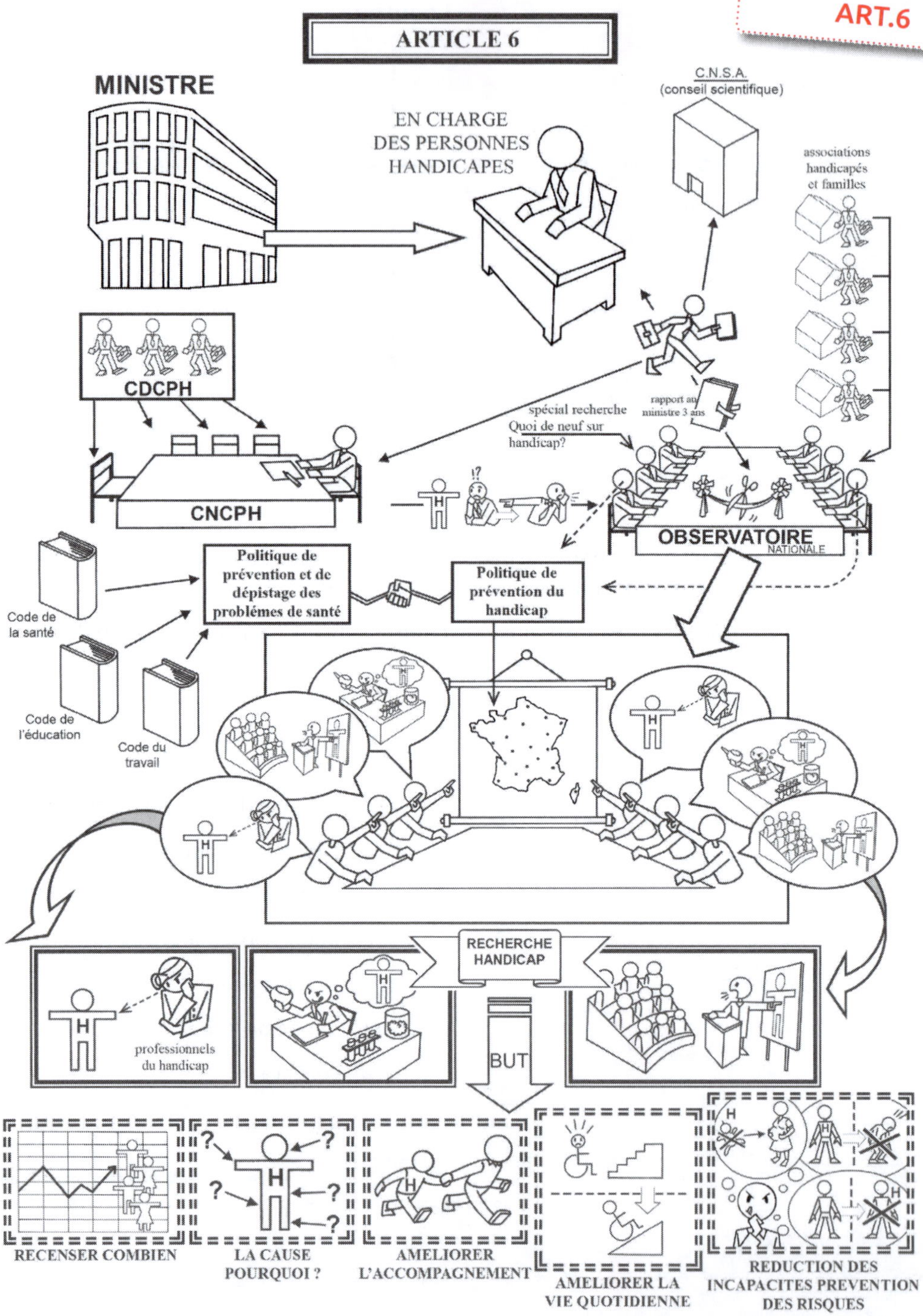

32 L'iconicité diagrammatique

Nous avons vu, au début de ce livre, que la langue des signes est fondée sur l'iconicité, notamment les structures spécifiques que sont les transferts. Il existe une autre forme d'iconicité qui concerne la syntaxe : l'iconicité diagrammatique (ou schématique). La disposition des personnages ou thèmes (des « actants ») dans l'espace de signation, abordée au chapitre précédent, montre que cet espace n'est pas utilisé n'importe comment : les actants sont placés en fonction de leurs rapports, de leurs liens, de leurs oppositions, etc. Un exemple plus complexe. L'article 6 de la loi du 11 février 2005 (sur le handicap) proclame : « La recherche sur le handicap fait l'objet de programmes pluridisciplinaires associant notamment les établissements d'enseignement supérieur, les organismes de recherche et les professionnels. Elle vise notamment à recenser les personnes touchées par un handicap et les pathologies qui en sont à l'origine, à définir la cause du handicap ou du trouble invalidant, à améliorer l'accompagnement des personnes concernées sur le plan médical, social, thérapeutique, éducatif ou pédagogique, à améliorer leur vie quotidienne et à développer des actions de réduction des incapacités et de prévention des risques. Il est créé un Observatoire national sur la formation, la recherche et l'innovation sur le handicap. Il établit un rapport remis au ministre en charge des personnes handicapées, au conseil scientifique de la Caisse nationale de solidarité pour l'autonomie et au Conseil national consultatif des personnes handicapées tous les trois ans. Cet observatoire, dont la composition fixée par décret comporte des associations représentant les personnes handicapées et leurs familles, est chargé de se prononcer sur la coordination des politiques de prévention et de dépistage des problèmes de santé prévues par le code de la santé publique, par le code de l'éducation et par le code du travail avec la politique de prévention du handicap. Il peut être saisi par le Conseil national consultatif des personnes handicapées ou par un conseil départemental consultatif des personnes handicapées mentionné à l'article L. 146-2. » Cet article présente différents personnages ou structures : établissements d'enseignement supérieur, organismes de recherche, professionnels, observatoire national, ministre, caisse nationale de solidarité pour l'autonomie, conseil national consultatif des personnes handicapées, associations, conseil départemental consultatif des personnes handicapées. Il présente également différents sujets qui devront être aussi placés dans l'espace de signation : la politique de recherche sur le handicap, la politique de prévention du handicap, le code de santé publique, le code de l'éducation, le code du travail, ainsi que les cinq buts assignés à la recherche sur le handicap.

Une présentation schématique de cet article va réorganiser ces éléments selon différents critères, notamment :

- l'élément principal est présenté au centre, les éléments secondaires, plus petits, sont disposés en périphérie ;
- les éléments sont présentés hiérarchiquement : le « supérieur » est toujours présenté au dessus de « l'inférieur » ;
- les éléments sont présentés selon leur ordre chronologique : celui qui intervient en premier est présenté avant celui qui n'intervient qu'après ;
- les éléments sont présentés selon un ordre logique : la cause avant la conséquence, un actant avant l'action qu'il effectue.

Si l'on suit ces critères, on aboutit à un schéma comme celui présenté à la page précédente (issu de P. Guitteny, Langue des signes et schéma, *Traitement automatique des langues,* vol. 48 - n° 3/2007, pages 205 à 229).

Quelques remarques :

- l'ordre de présentation n'est pas du tout le même, entre le texte et le schéma. Par exemple, le ministre, qui n'est noté qu'au milieu du texte, est présenté en premier en haut du schéma, car il est le plus élevé hiérarchiquement ;
- la politique du handicap est présentée au centre, les autres éléments s'organisent par rapport à elle ;
- les différentes structures qui interviennent sont présentées en fonction de leur place dans le processus évoqué ;
- les cinq buts de la recherche sont présentés à la fin, puisqu'ils ne sont pas encore réalisés.

Cette présentation schématique peut être reprise telle quelle dans l'espace de signation lors d'une traduction signée de ce texte : en haut de l'espace de signation sera placé le ministre, en dessous les différentes structures en fonction de leur ordre d'apparition, la politique de la recherche sur le handicap sera placée au centre, les cinq buts seront signés à la fin...

Ainsi, tracer un schéma, surtout pour des énoncés complexes, peut être une aide précieuse pour comprendre ou s'exprimer en langue des signes :

- distinguer les différentes entités qui devront être désignées et placées,
- noter leurs rapports (hiérarchiques, temporels, logiques),
- les placer en conséquence dans l'espace de signation,
- chercher les images, termes, symboles utiles.

L'iconicité diagrammatique est une des formes de l'organisation des signes, une des règles de la syntaxe de la langue des signes. Elle n'intervient pas forcément dans les brefs échanges quotidiens, mais plutôt dans les discours construits, développés, les récits, les explications...

33 Syntaxe visuo-gestuelle

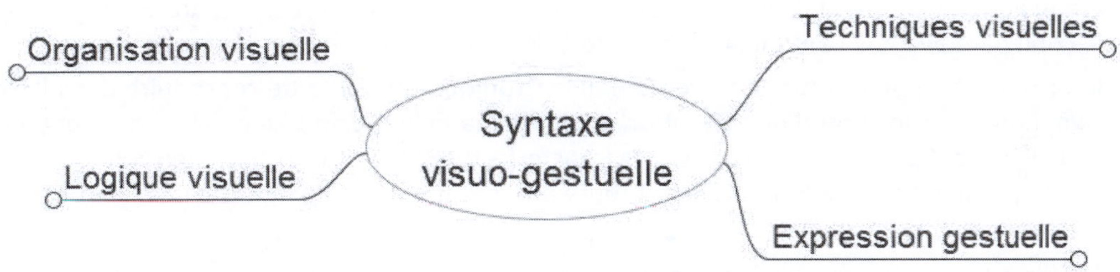

La langue des signes est régie par une syntaxe très différente de celle des langues vocales, car elle est soumise aux contraintes d'une pensée visuelle et d'une expression gestuelle. Il est possible de regrouper ces règles sous quatre thèmes : l'organisation visuelle, la logique visuelle, les techniques visuelles et l'expression gestuelle.

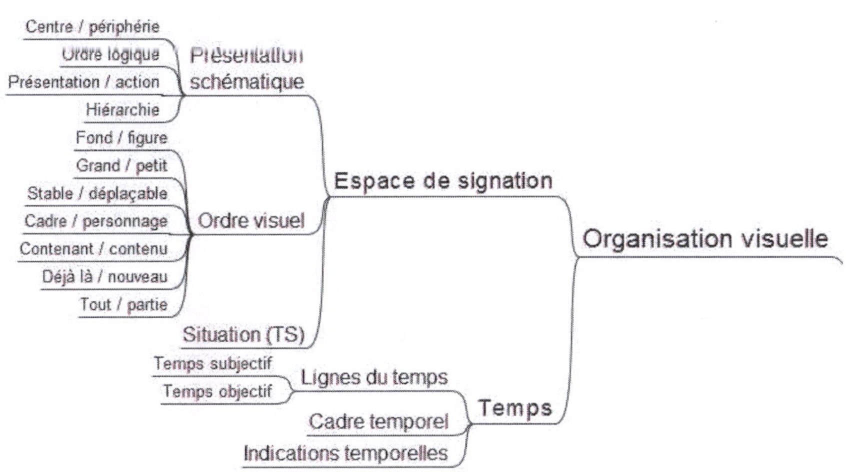

L'organisation visuelle concerne deux domaines : la disposition de l'espace de signation et l'expression du temps. L'espace de signation (l'espace situé devant le locuteur, dans lequel sont contenus les signes) est organisé selon différents ordres :

- l'ordre schématique (ou diagrammatique). Les différents éléments évoqués dans un discours sont souvent agencés dans l'espace de signation selon une présentation de type schématique. Ainsi, parmi les caractéristiques d'une présentation schématique : l'élément principal est signé au centre tandis que les éléments secondaires sont signés en périphérie ; l'ordre de présentation suit un ordre logique : la cause avant la conséquence, le stimulus avant la réponse... ; on présente une situation avant d'évoquer l'action qui la concerne ; les éléments sont présentés hiérarchiquement dans l'espace de signation, un dirigeant est placé plus haut qu'un employé, un parent qu'un enfant, etc.
- l'ordre visuel. La perception visuelle présente certaines caractéristiques que l'on retrouve dans la syntaxe de la langue des signes. Ainsi, on perçoit visuellement l'ensemble d'une scène avant de pouvoir se focaliser sur un détail. De même, on signe, en général, le fond avant la figure, l'élément plus grand avant le plus petit, l'élément stable avant l'élément déplaçable, le cadre avant le personnage, le contenant avant le contenu, l'élément déjà là avant le nouveau, le tout avant la partie.
- la présentation de la situation évoquée. Il est toujours possible de reproduire dans l'espace de signation la disposition d'une situation évoquée : la disposition d'une pièce, d'un organe, d'une machine, etc. C'est ce que l'on appelle le transfert situationnel. Les trois dimensions de l'expression signée permettent d'évoquer aisément toute organisation spatiale, comme un plan routier, un plan d'architecte, un plan d'anatomie...

Le temps est organisé principalement selon deux axes : d'arrière en avant, il s'agit du temps lié au locuteur (ou au personnage qu'il présente) ; de gauche à droite, il s'agit d'un temps objectif, dont il faut définir au préalable l'échelle : une journée, une semaine, un mois, un an, un siècle...

Dans l'expression signée, le temps défini, comme la date d'un événement dont il va être question, est signé en général en début de phrase : on présente le cadre de l'événement avant de détailler ce qui le concerne. Au contraire, les mentions de temps indéfini ou de durée sont signées après le verbe. Les adverbes ou expressions adverbiales comme « longtemps », « toujours », « lentement » ... suivent le verbe.

Il est bien sûr possible de modifier l'ordre par défaut pour mettre en avant tel ou tel élément, en le plaçant en tête de phrase. Mais cela nécessitera des marqueurs syntaxiques particuliers, comme des pointages, des pauses, des mouvements d'épaule...

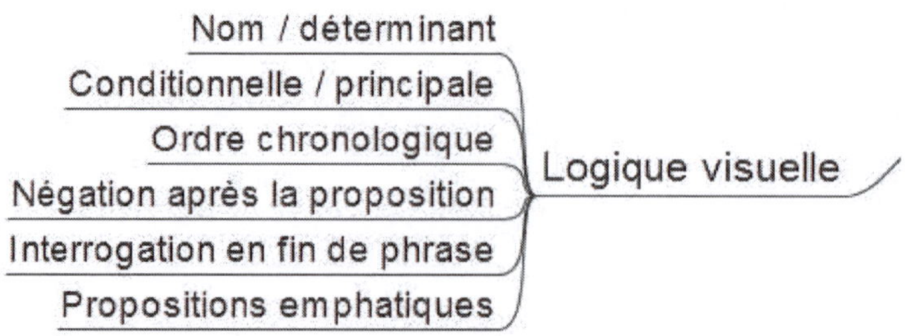

La logique visuelle présente des ordres préférentiels :

- Le nom est signé avant les déterminants qui le concernent
- La proposition conditionnelle est présentée avant la proposition principale
- Les verbes se suivent dans l'ordre chronologique
- Les signes de négation ou d'interrogation sont placés en fin de phrase ou de proposition
- Les propositions emphatiques sont signées en début de phrase
- ...

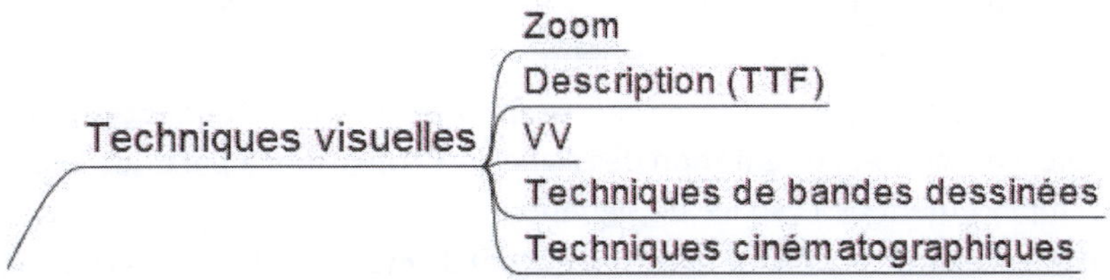

La langue des signes utilise les outils visuels que l'on peut retrouver dans d'autres formes d'expression visuelle comme le cinéma : le zoom avant ou arrière, les différents types de cadrage, les plongées ou contre-plongées, etc. En bande dessinée comme en langue des signes, la goutte de sueur qui coule le long de la tempe signifie le stress, le petit nuage de poussière désigne un départ rapide, l'allongement d'une case (d'un signe) indique la durée, etc.

D'autre part, la langue des signes peut mettre de côté l'expression en signes standards et remplacer ces signes par des descriptions visuelles détaillées, le transfert de taille et de forme. À côté de la langue des signes proprement dite, l'expression gestuelle peut prendre une tournure encore plus iconique et universelle, la VV (virtual visual ou visual vernacular) : à mi-chemin entre la langue des signes et le mime, la VV remplace les signes standards par des imitations de gestes, mouvements, formes tels qu'ils se présentent dans la réalité.

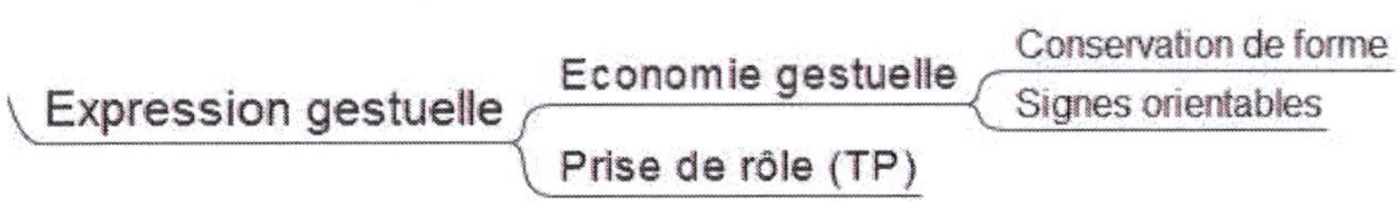

L'ordre des signes dans la phrase est également déterminé par d'autres critères :

- l'économie articulatoire.
  - Ainsi, certains verbes prennent la forme de l'objet. Nous avons vu l'exemple de « croquer une pomme » : la main a les doigts repliés, comme si elle tenait effectivement une pomme. Le nom et le verbe ayant la même configuration, il est aisé d'enchaîner les deux signes. Au contraire, briser cette suite par un signe qui prendrait une autre configuration rendrait l'expression plus lourde et pénible. C'est pourquoi il est plus fréquent de voir cet enchaînement : « pomme mange », ou plus généralement « objet-verbe » lorsque les deux ont la même configuration ;
  - certains verbes sont orientables (demander, prendre, lire, etc.). Il est logique de placer d'abord, dans l'espace de signation, la place attribuée à l'objet ou au personnage vers lequel le verbe doit être orienté. On signera donc par exemple : livre – lire et non l'inverse car l'emplacement du livre détermine la direction vers laquelle sera orienté le verbe.
- la prise de rôle (transfert personnel). Le discours rapporté est très fréquent en langue des signes :
  - il est plus facile à exécuter : l'orientation des signes est construite à partir de la place du locuteur et non d'un emplacement de l'espace de signation ;
  - il est plus facile à exécuter et à comprendre en évitant de multiplier les emplacements, les pronoms ou les pointages.

Outre ces principales règles d'une syntaxe visuo-gestuelle, d'autres critères entrent en ligne de compte, comme la présence de proformes, le registre de langue, etc.

34 L'école

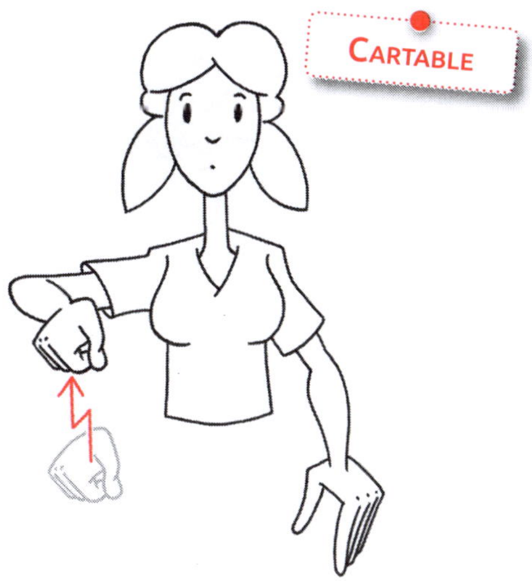

Élève

Gomme

Papier

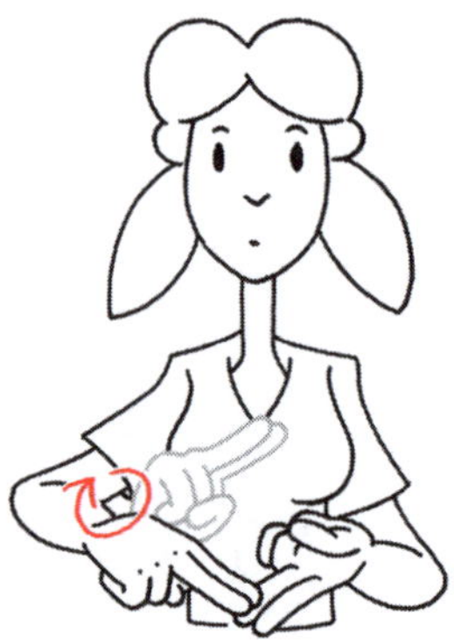

Stylo

35 Les métiers

Boucher

Boulanger

Coiffeur

Éléctricien

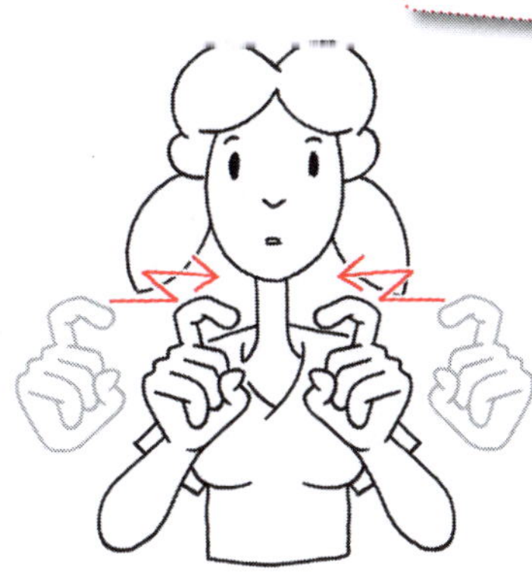

Gendarme

Maire

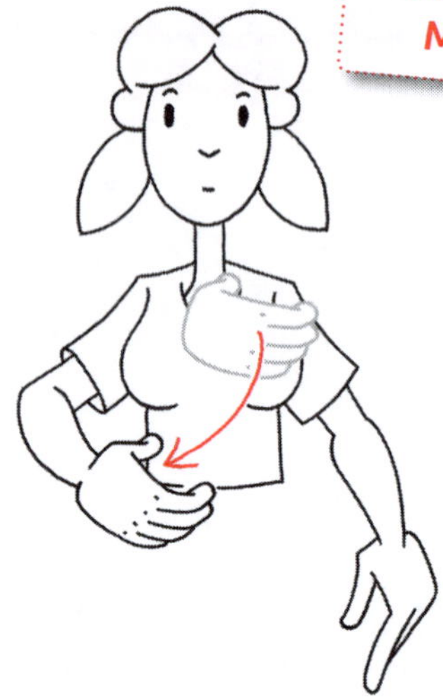

Pompier

Plombier

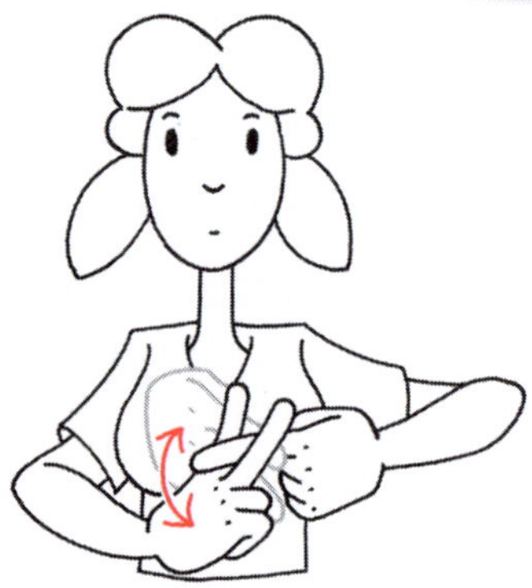

Médecin

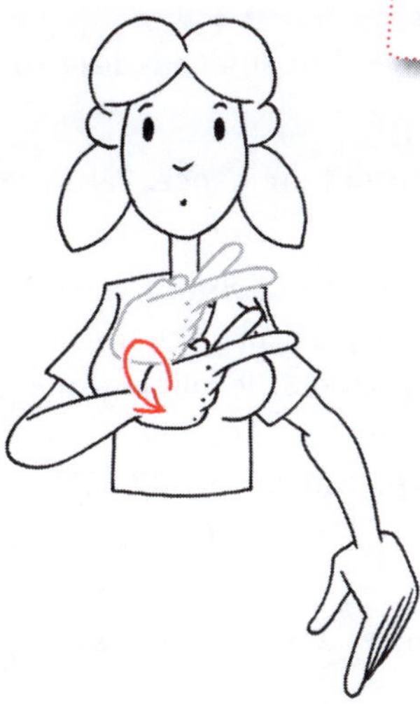

Facteur

Métier

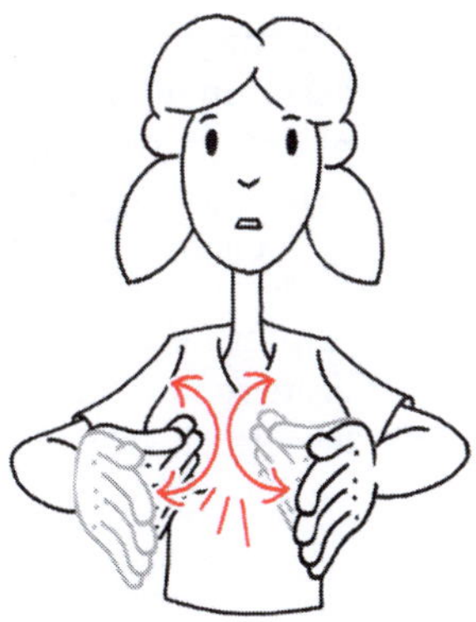

La majorité de ces signes peuvent désigner aussi bien le métier que la personne qui l'exerce ou le lieu où il est exercé : maire/mairie, électricité/électricien, plombier/plomberie...

Dans la plupart des cas, le contexte suffit pour comprendre quelle acception est visée. Si ce n'est pas le cas, on peut ajouter un signe pour le préciser : personne, bâtiment, métier...

Certains signes peuvent également être utilisés comme noms ou comme adjectifs : médecin/ médical, maire/municipal, électricien/électrique.

Cette polyvalence fait dire à certains linguistes que les catégories grammaticales en langue des signes n'ont pas la même rigidité que dans un certain nombre de langues vocales. De fait, l'iconicité rend ces découpages plus souples.

Pratique

Comme pour toute langue, pour progresser en langue des signes, il ne suffit pas de lire un manuel-il faut surtout pratiquer cette langue, signer.

Il existe beaucoup d'associations de personnes sourdes, partout en France. Parmi celles-ci, on peut distinguer :

- les fédérations, comme la Fédération nationale des Sourds de France : http://www.fnsf.org/, les associations nationales, généralement axées sur un domaine particulier, comme l'éducation (2 Langues pour une éducation), les parents d'enfants sourds (ANPES), le militantisme (OSS2007), le tourisme (ACTIS), les chants signés et la danse (ChanDanse des Sourds), les sourds pilotes d'avion (Aéro-club des Sourds de France), les sourds gays et lesbiennes (ACGLSF)...
- les associations locales généralistes, surtout dédiées aux rencontres, activités de loisirs, sorties, jeux...
- les associations locales thématiques : cours de langue des signes, sports, activités artistiques, etc.

Vous pourrez trouver leurs coordonnées :

- sur des sites internet comme : http://www.sourds.net/ ou http://surdi.info/
- sur des forums de discussion comme : https://fr.groups.yahoo.com/neo/groups/Deaf-France/info
- sur des pages Facebook, comme celles des groupes : Les infos des sourds, Communauté sourde, ou Deafrance.

Un entendant qui débute en langue des signes peut être intimidé à l'idée d'entrer dans une association de sourds, surtout par peur de ne pas comprendre ou être compris. Au contraire, la plupart de ces associations vous accueilleront avec bienveillance, et sauront s'adapter à votre niveau de maîtrise de la langue des signes. Participer à leurs activités, rencontres, sorties... est le meilleur moyen pour vous familiariser avec cette langue.

Auprès de ces associations, vous pourrez également recevoir les informations concernant les visites guidées en langue des signes, les conférences signées ou traduites, les voyages organisés, les fêtes, les rencontres sportives... toutes les occasions pour voir et pratiquer la langue des signes.

36 Les loisirs

CARNAVAL

CINÉMA

CIRQUE

FÊTE

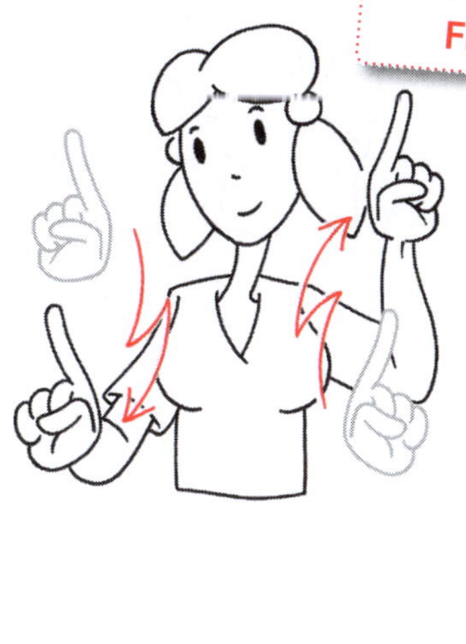

Musée

Peinture

Sport

Théâtre

37 Les sports

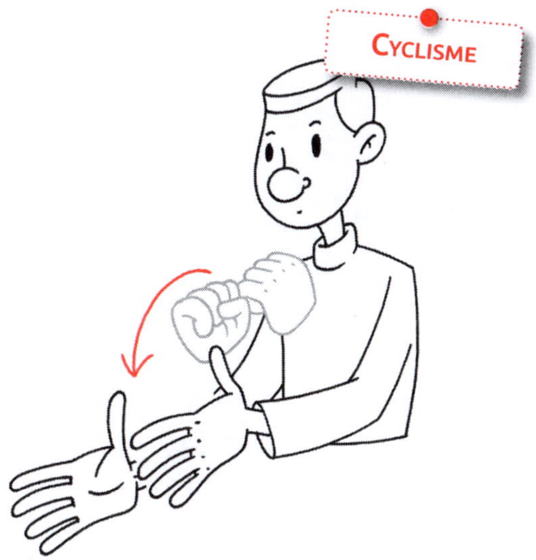

Natation

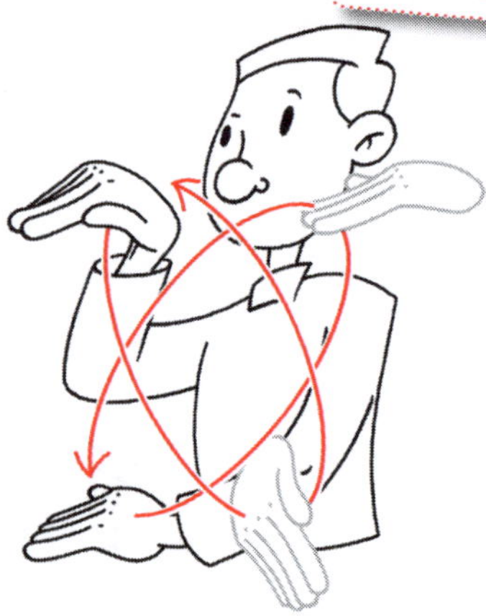

Ping-pong

Tennis

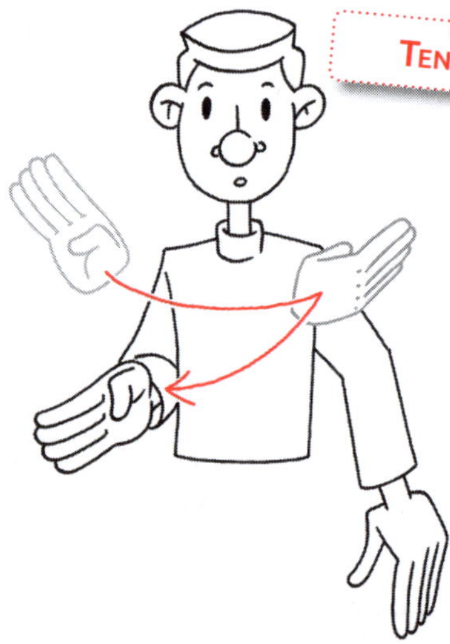

Ski

Rugby

Volley

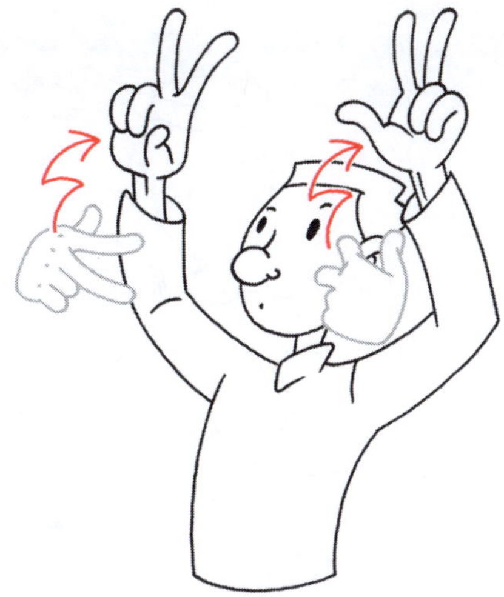

Le sport chez les sourds

Le sport est pratiqué par les sourds depuis longtemps. Ainsi, la Fédération sportive des sourds-muets de France a été créée en 1918 par Eugène Rubens-Alcais. Celle-ci est remplacée aujourd'hui par le Comité de coordination des sportifs Sourds de France, qui fait partie de la Fédération française Handisport.

De nombreuses associations sportives de sourds organisent, à travers toute la France, toutes sortes d'activités : athlétisme, badminton, basket-bail, beach volley, bowling, cyclisme, football, judo, karaté, course d'orientation, tir, natation, tennis de table, taekwondo, tennis, volley-ball, lutte...

Dès 1924 sont organisés à Paris les « Jeux silencieux », sur le modèle des Jeux olympiques. Ces rencontres se tiennent tous les quatre ans : http://www.deaflympics.com/. Le Comité International des Sports des Sourds coordonne les compétitions internationales (http://www.ciss.org/).

Voir notamment la thèse de doctorat de Didier Séguillon : *De la gymnastique amorosienne au sport silencieux : le corps du jeune sourd entre orthopédie et intégration* ou *l'histoire d'une éducation « À corps et à cri »* (1998) ; Patrice Gicquel, *Un siècle de vélo au pays des sourds,* L'Harmattan, 2002 ; Armand Pelletier et Yves Delaporte, *Moi, Armand, né sourd et muet,* Collection Terre Humaine, Plon, 2002.

Participer à ces associations est l'occasion de pratiquer la langue des signes...

Grammaire

Grammaire

Il s'agit de la grammaire de la langue des signes (dans la main)

Nom

Le même signe est utilisé pour désigner les noms de famille

Verbe

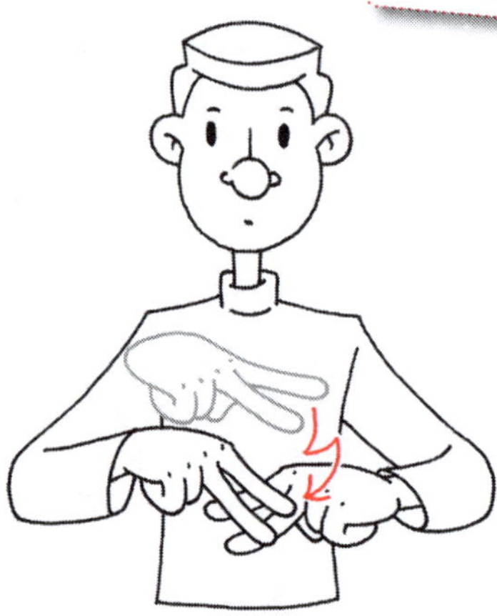

Signaire (vocabulaire de signes)

28 La ville

Ville

Village

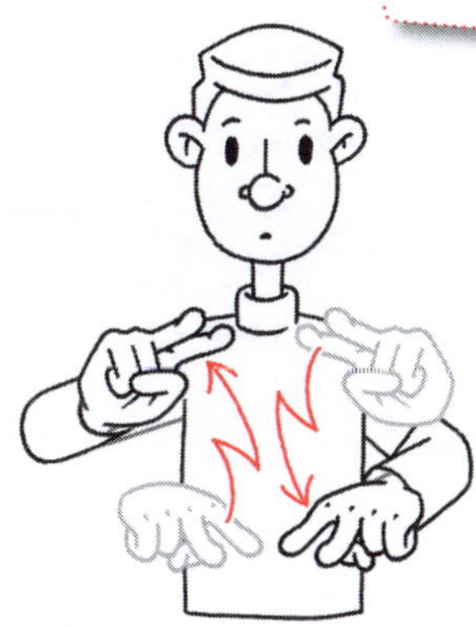

Rue

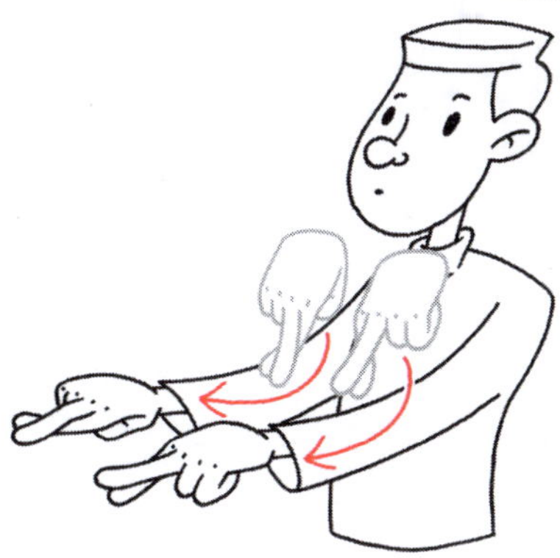

Place

Magasin

Bar

Hôtel

Restaurant

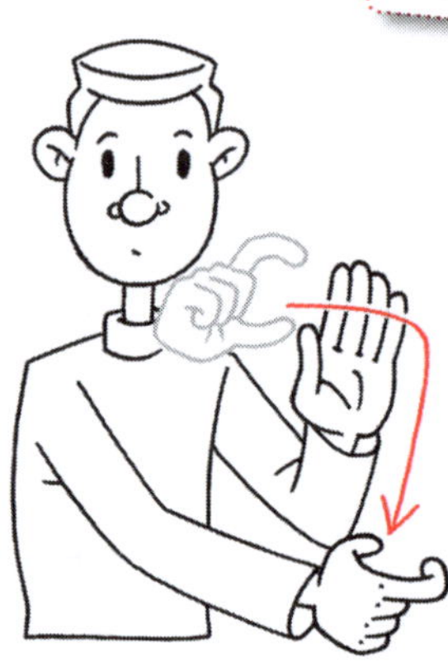

39 Les pays

FRANCE

ALLEMAGNE

ANGLETERRE

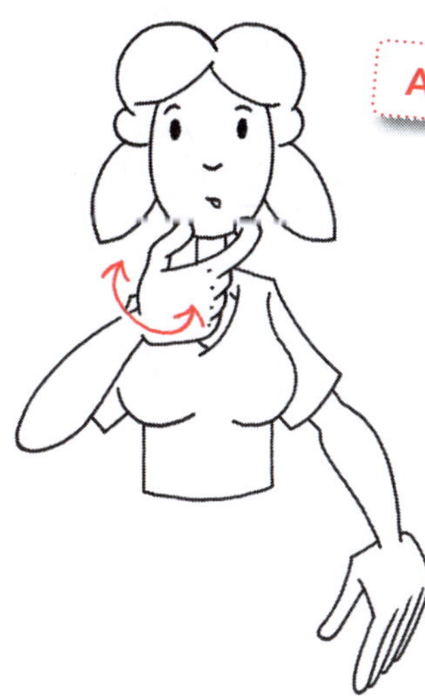

ESPAGNE

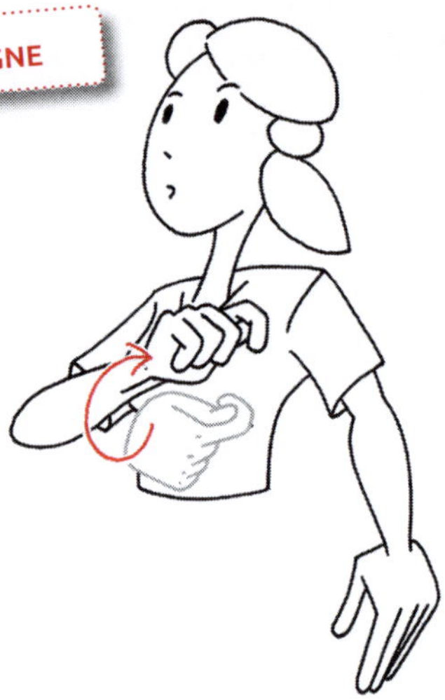

ITALIE

PORTUGAL

ÉTATS-UNIS

Brésil

Maroc

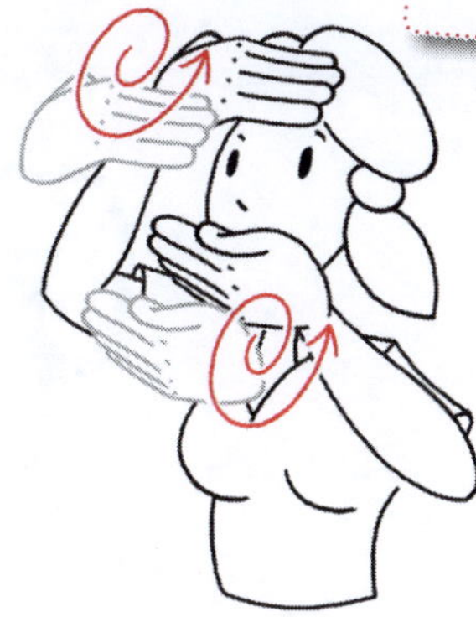

Pays

Russie

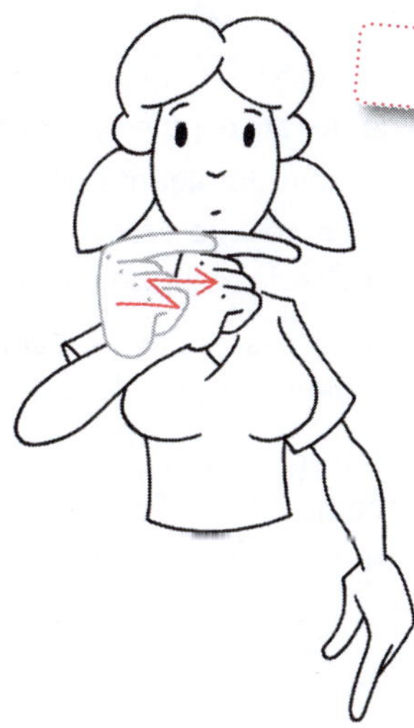

Exercice

Choisissez une configuration, comme celle ci-dessous :

Dans un premier temps, réfléchissez à ce qu'évoque cette configuration pour vous : à quel type d'objet ou d'être peut-elle être appliquée ? Dans quels signes peut-on la retrouver? Puis essayez de construire des histoires comprenant cette configuration.

Quelques indications.

On retrouve cette configuration dans différents signes, comme avare ou avarice. Deux formes de ce signe sont répandues :

- les deux mains prennent cette configuration, et sont posées à plat devant le locuteur, à une certaine distance, puis elles ont un mouvement de recul, vers le locuteur
- seule la main dominante prend cette configuration, la main dominée prend la configuration main plate, paume vers le haut, et la main dominante passe sur la main dominée, dans un mouvement de recul, vers le locuteur.

Dans les deux cas, l'image est celle des doigts crochus qui ramènent vers le locuteur les pièces (ou autres biens) posées devant soi.

On retrouve également cette configuration en tant que proforme, pour désigner par exemple des animaux comme les araignées. Le dos de la main restant à plat, les premières phalanges s'animent avec un mouvement de la main vers l'avant, montrant le déplacement des pattes de l'araignée.

Poursuivez cet exercice avec d'autres configurations.

40 Styles et genres

Il existe de nombreux styles et genres en langue des signes. Pour découvrir par exemple la poésie ou les contes... quelques références :

- « Âme » poème de Levent Beskardes
  http://www.signes-roya.org/
- Eaux Vives et Terres Nues, Colombe, Bachir Saïfi
  http://www.rayondecrits.fr/vu-lu-entendu/eaux-vives-et-terres-nues-le-dvd
- Les mains fertiles, 50 poètes en langue des signes, Éditions Bruno Doucey
  http://www.editions-brunodoucey.com/les-mains-fertiles/
- Les contes d'Olivier Schetrit :
  Le voleur d'ombre : http://www.universcience.tv/video-conte-le-voleur-d-ombre-1220.html
  Rien qu'à son ombre : http://www.universcience.tv/video-conte-rien-qu-a-son-ombre1221.html
  Pour les jours gris, cherche un ami : http://www.universcience.tv/video-conte-pour-les-jours-gris-cherche-un-ami-1219.html
- Signe moi un conte :
  https://vimeo.com/channels/signemoiunconte
- Contes du monde entier, sous la direction d'Emmanuelle Laborit et de Philippe Galant, Éditions IVT (9 DVD)
- Contes en langue des signes avec Claire Garguier
  https:/ /www.facebook.com/conteenlsf/posts/1219370871421617

De nombreuses émissions de L'Oeil et la main, sur France 5, ont présenté différentes facettes de l'expression en langue des signes, comme l'humour, la VV, différents artistes ou conteurs... http://www.france5.fr/emissions/l-oeil-et-la-main/

Quelques références historiques

La langue des signes existe depuis les premières civilisations, depuis que les sourds ont pu se rencontrer et élaborer une langue partagée. Des témoignages apparaissent dès l'Antiquité, comme parmi les Hittites où, au deuxième millénaire, les sourds avaient des tâches spécifiques à la cour du roi. Platon note : « Si nous n'avions point de voix ni de langue et que nous voulussions nous montrer les choses les uns aux autres, n'essaierions-nous pas, comme le font en effet les muets, de les indiquer avec les mains, la tête et le reste du corps ? » *(Cratyle,* 422d)

Quintus Pedius était un peintre sourd de la Rome antique.

Jean Chrysostome et Jérôme (IVe-Ve siècle) affirment que les sourds sont dotés de raison et qu'on peut communiquer avec eux par signes gestuels. Augustin (IVe-Ve siècle) parle d'une famille sourde très respectée de la bourgeoisie milanaise. Il affirme que leurs gestes forment les mots d'une langue. Pour Léonard de Vinci, « Ceux-là seraient bien enseignés qui imiteraient des sourds qui parlent avec le mouvement des mains et des yeux et des sourcils et de toute leur personne dans leur volonté d'exprimer le concept de leur âme. » *(Traité de la peinture,* ch. XIV) « Nos muets disputent, argumentent et content des histoires par signes. J'en ai vus de si souples et formés à cela qu'à la vérité, il ne leur manque rien à la perfection de se savoir faire entendre. » (Montaigne, *Essais,* L. II, ch. XII).

Pierre Desloges est le premier sourd à écrire un livre, en 1779, *Observations d'un sourd-muet,* pour défendre les sourds et la langue des signes. Étienne de Fay (1670-1750), dit « le vieux sourd d'Amiens », était professeur, architecte et dessinateur. Il a enseigné à des enfants sourds dans l'Abbaye Saint-Jean.

L'abbé de l'épée (1712-1789) a créé la première école pour enfants sourds à Paris. Il a formé de nombreux sourds, ainsi que des professeurs qui, à leur tour, ont créé des écoles en France, en Europe et aux États-Unis.

Le XIXe siècle a été un « âge d'or » pour la communauté sourde française avec, notamment, Jean Massieu, professeur et directeur, Laurent Clerc, parti aux Etats-Unis fonder la première école américaine, Ferdinand Berthier, professeur et auteur, premier sourd décoré de la Légion d'honneur, et des artistes comme les peintres René Princeteau, Frédéric Peyson, Léopold Loustau, ou les sculpteurs Claude-André Deseine, Paul-François Choppin, Félix Martin. De 1880 à 1975, la langue des signes est interdite dans l'éducation des jeunes sourds : sous l'influence du milieu médical et du modèle de « l'homme normal », ils doivent apprendre à oraliser et à lire sur les lèvres.

À partir des années 1975, les sourds se battent pour la reconnaissance de la langue des signes. La loi du 11 février 2005 énonce : « La langue des signes française est reconnue comme une langue à part entière. »

41 La LSF et le français

1. Le français signé

La langue des signes française est très différente du français : la formation des signes, leur agencement dans l'espace et le temps répondent à des règles basées sur la vue et les trois dimensions de l'espace, et non sur la voix et l'audition. La langue des signes n'est donc pas soumise aux mêmes contraintes qu'une langue vocale. Ainsi, en langue des signes, grâce aux deux mains, au visage et aux épaules, il est possible de signifier plusieurs noms ou plusieurs verbes simultanément, alors que la voix oblige à enchaîner les mots les uns à la suite des autres. Mélanger les signes et la grammaire du français produit ce que l'on appelle le français signé. Il est utilisé par les personnes qui ne maîtrisent pas encore la langue des signes ou dans le cadre pédagogique. Mais le français signé donne des phrases souvent peu claires, ambigües, car les phrases en langue des signes ne prennent sens qu'en suivant la grammaire de cette langue, grâce notamment à l'emplacement des signes dans l'espace. Pour progresser en langue des signes, il faut donc éviter le français signé : ne pas enchaîner les signes selon l'ordre de la grammaire du français. De même, articuler les mots français en même temps que l'on signe pousse à effectuer du français signé plus que de la langue des signes. Les lèvres, d'ailleurs, peuvent avoir un autre rôle dans le vocabulaire ou la grammaire de la langue des signes.

2. L'alphabet dactylologique

L'alphabet en signes, que l'on appelle dactylologie ou alphabet dactylologique, est surtout utilisé dans deux cas :

- pour épeler des noms propres
- pour épeler un mot correspondant à un signe inconnu.

Pour ce qui est du vocabulaire (pour le vocabulaire en langue des signes, on parle de « signaire »), la langue des signes est parfois influencée par le français. Ainsi, certains signes prennent la forme de la main de la première lettre du mot français correspondant.

Le premier exercice consiste donc à reproduire les signes de l'alphabet dactylologique, les apprendre par cœur, et s'entraîner à épeler ainsi son nom, prénom, sa ville, etc.

Cet apprentissage peut se révéler fastidieux : il est facile de reproduire ces signes lorsque l'on a les dessins sous les yeux. Mais il est déjà moins évident de s'en souvenir. Et il faut une certaine habitude pour épeler rapidement des mots ou décripter les mots ainsi épelés par son interlocuteur. N'hésitez pas à vous exercer un peu chaque jour : la maîtrise de cet alphabet viendra ainsi progressivement.

Mais le recours à cet alphabet diminue au fur et à mesure de la maîtrise du vocabulaire de la langue des signes : souvent utilisé par les entendants qui n'ont pas encore intégré la pensée visuelle, il est plus rarement utilisé par les sourds.

Il existe en effet de nombreux moyens pour signifier un objet ou une notion dont on ne connaît pas le signe, sans avoir à épeler le mot, notamment par l'iconicité et les transferts.

Ces outils visuels permettent également d'éviter le recours au français qui peut être difficile pour les personnes n'ayant pu bénéficier d'un bain linguistique en français oral, et donc souvent illettrées.

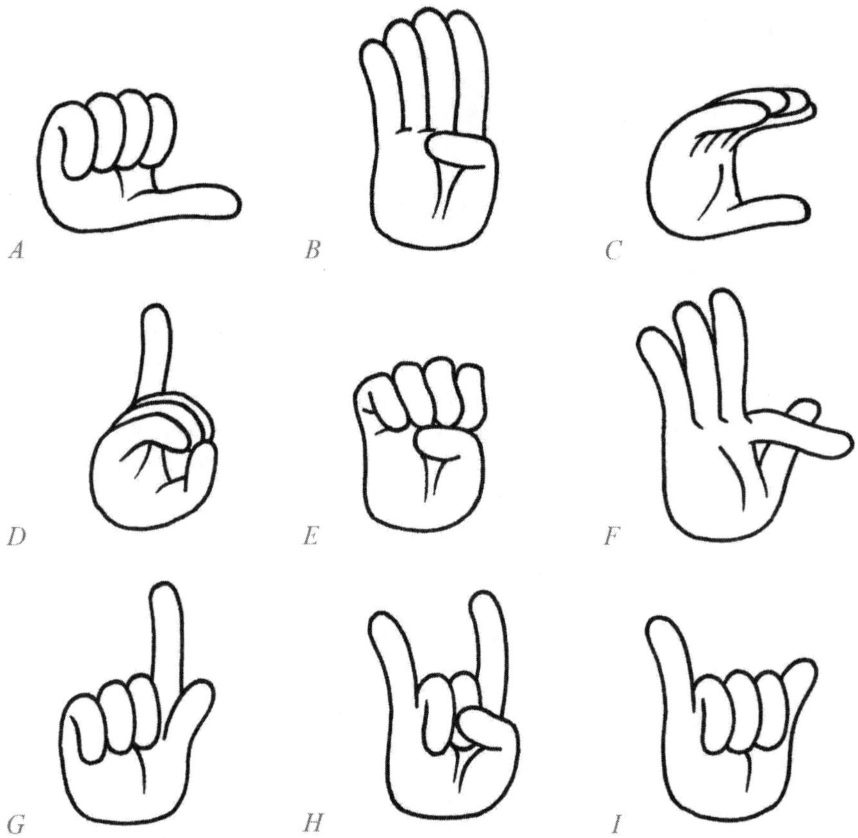

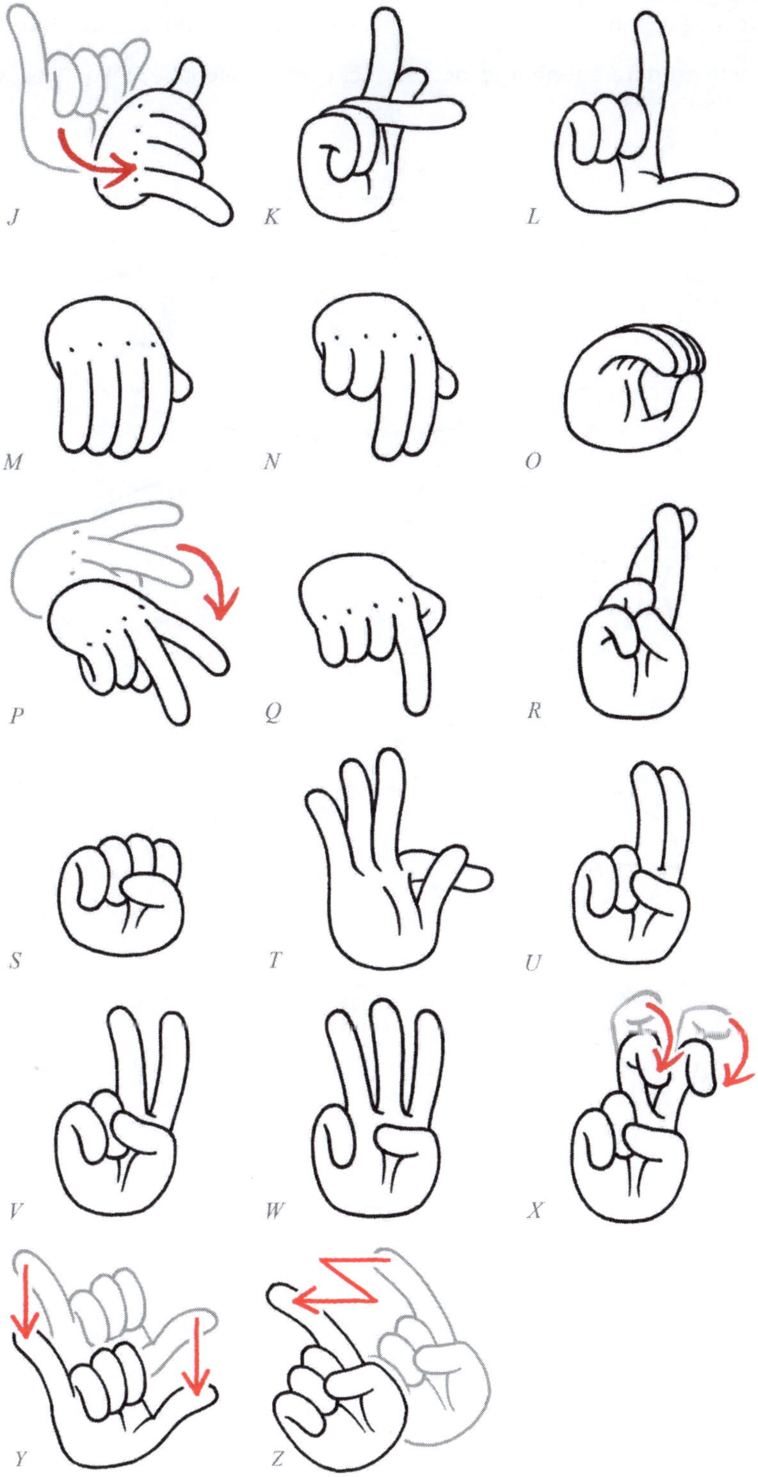
J
K
L
M
N
O
P
Q
R
S
T
U
V
W
X
Y
Z

3. Points de vue

L'alphabet tel que dessiné ci-dessus présente les signes que voit l'interlocuteur.

Le point de vue est différent pour le locuteur : ci-contre, l'alphabet tel qu'il est vu par la personne qui signe.

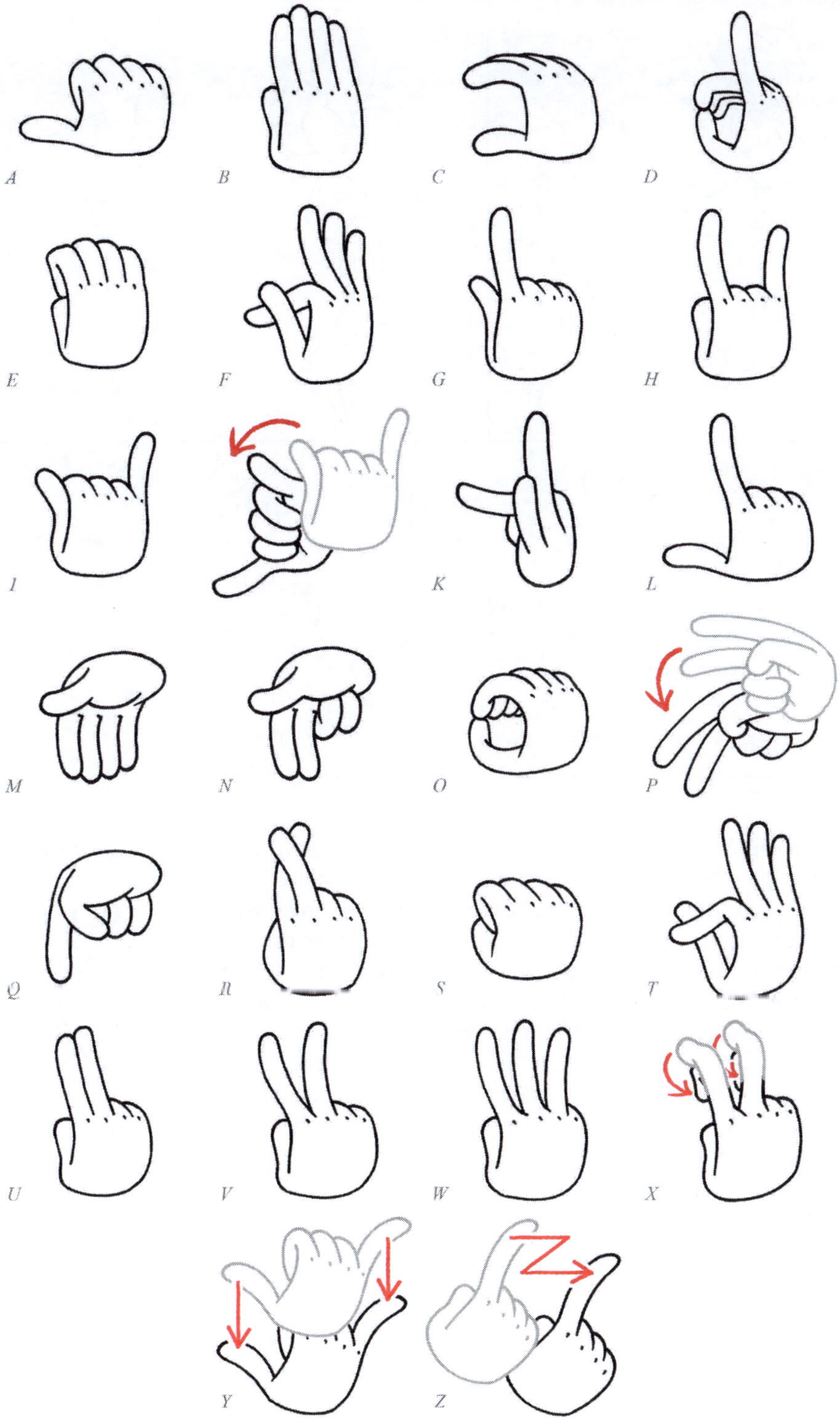
A
B
C
D
E
F
G
H
I
J
K
L
M
N
O
P
Q
R
S
T
U
V
W
X
Y
Z

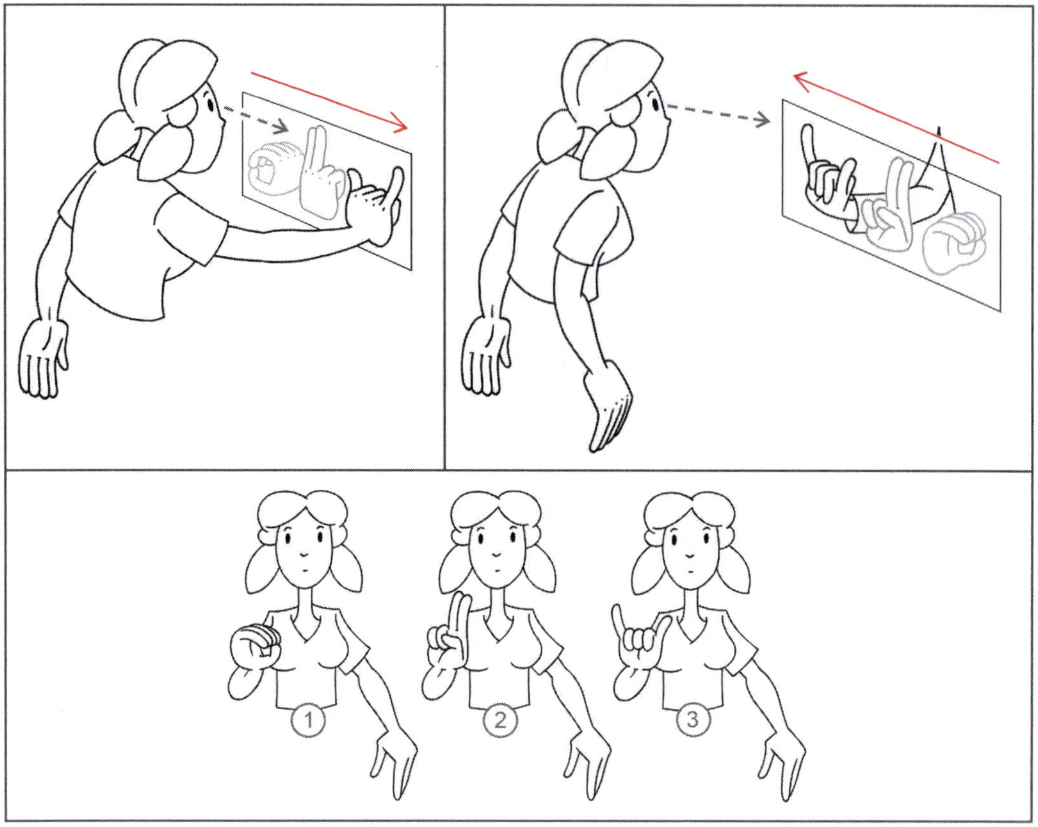

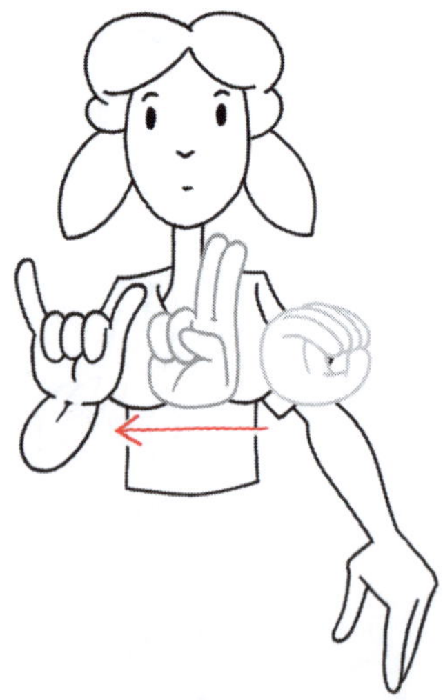

Lorsque l'on épelle un mot, les lettres peuvent se succéder au même emplacement, ou avec un léger mouvement de gauche à droite – sens de l'écriture. Pour l'interlocuteur, la direction perçue est inverse, et il faut s'habituer à décrypter les signes que l'on perçoit avec cet effet miroir. En langue des signes, le point de vue dominant est toujours celui du locuteur, et c'est à l'interlocuteur d'effectuer la « conversion » : par exemple, lorsque le locuteur désigne une direction comme sa droite, l'interlocuteur voit le geste effectué vers la gauche, mais il doit comprendre « vers la droite ». Cette inversion du sens peut poser quelques difficultés aux débutants, mais elle est rapidement assimilée et ne pose pas de problème par la suite.

4. Exercice

Décryptez et reproduisez les mots suivants :

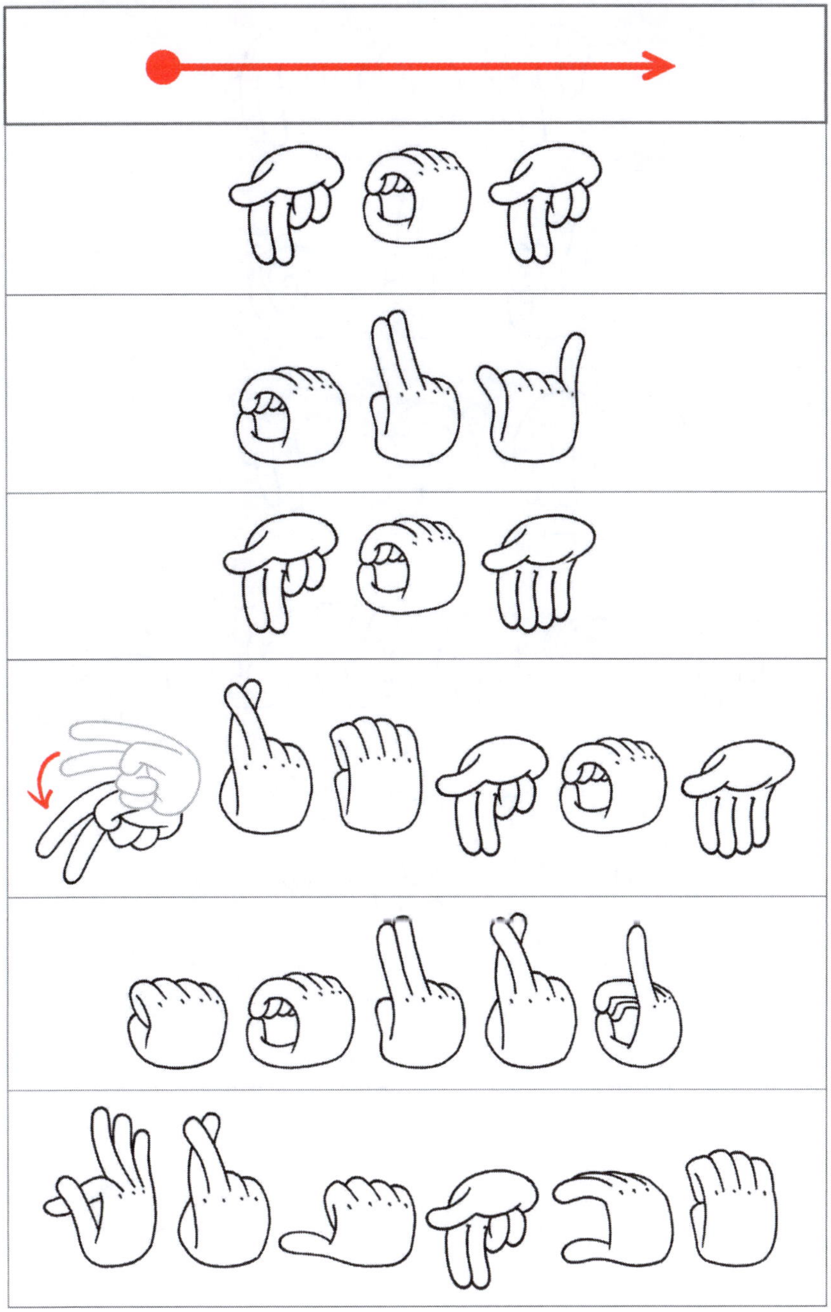

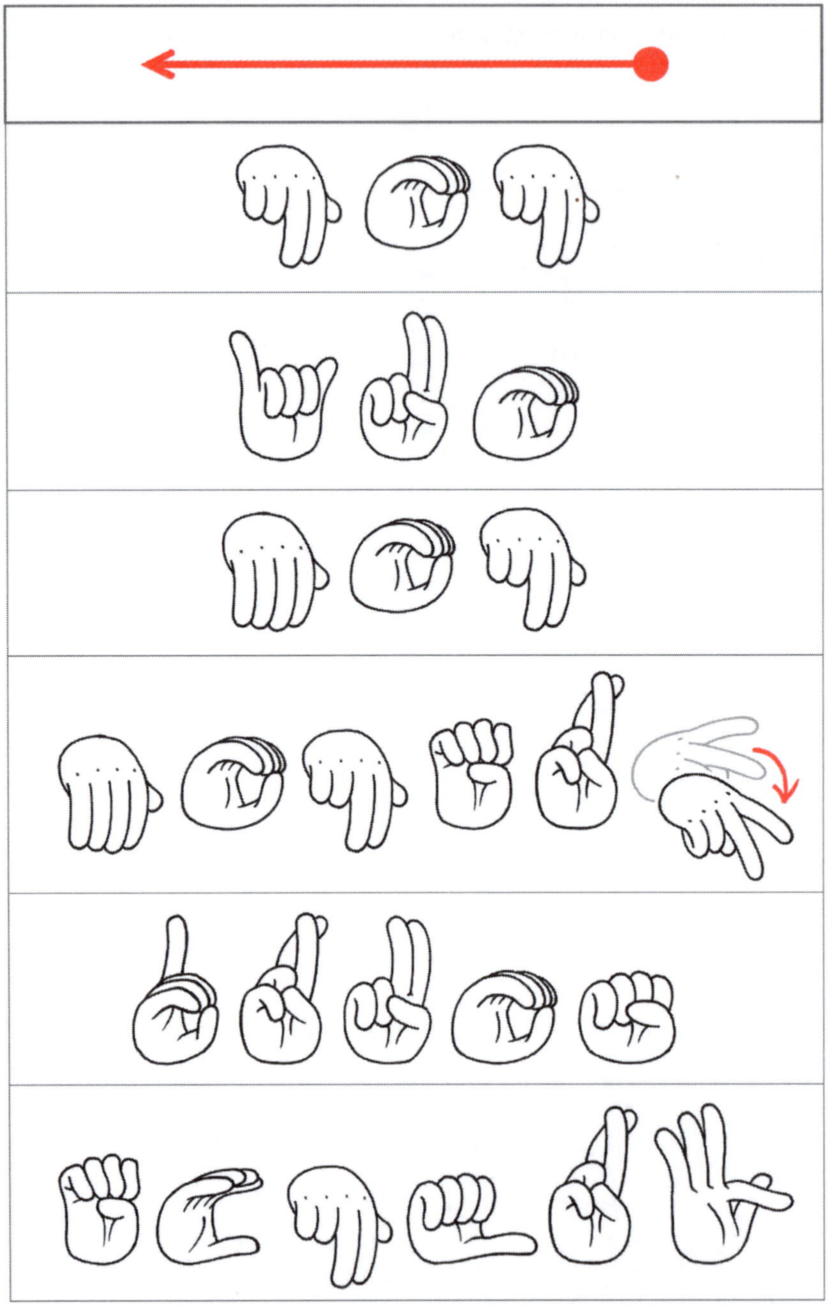

42 La journée d'un sourd

La bande dessinée ci-dessus présente un exemple de journée vécue par une personne sourde. Détaillons la présentation de cette bande dessinée en langue des signes.

La première case présente ce personnage durant son sommeil. Puis il est réveillé par un flash lumineux (deux types d'aides techniques sont répandues chez les sourds pour pallier l'inefficacité de la sonnerie du réveil : soit un flash lumineux, soit un appareil vibrant que l'on place sous l'oreiller). Puis il va prendre son petit-déjeuner en regardant les nouvelles sous-titrées, pendant que son chien l'appelle de sa patte.

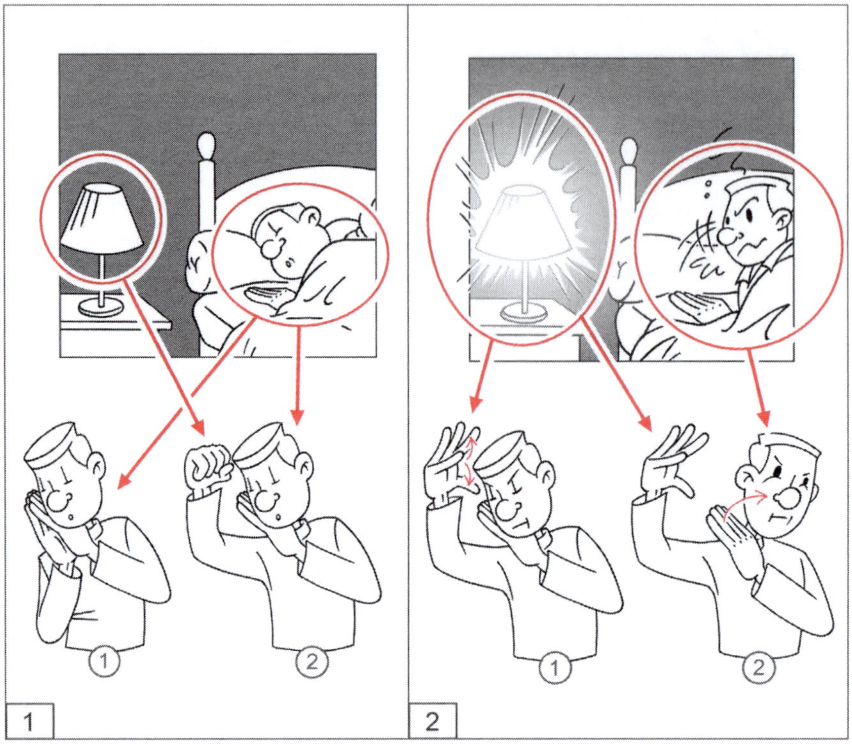

Le premier signe ci-dessus signifie : dormir. Le deuxième signe est un signe composé : la main dominée est celle du verbe dormir, tandis que la main dominante, poing fermé, montre l'emplacement de la lampe de chevet. Le poing fermé signifie que la lampe est éteinte. Pour le troisième signe, le poing fermé s'ouvre : la lampe s'allume. Le quatrième signe est encore un signe composé : la main dominante montre toujours la lampe allumée, la main dominée garde la configuration et l'emplacement du signe dormir tandis que la tête se relevant et les yeux s'ouvrant montrent que le personnage se réveille. Il existe d'autres signes pour exprimer le verbe : se réveiller, mais ici, le simple mouvement de la tête et des yeux suffit. Les deux mains montrant la lampe et l'oreiller tracent un contexte où le mouvement du visage est sans ambiguïté. Au contraire, utiliser un autre signe pour exprimer le réveil nécessiterait de changer de configuration et d'emplacement des mains, ce qui rendrait le discours plus lourd, moins fluide.

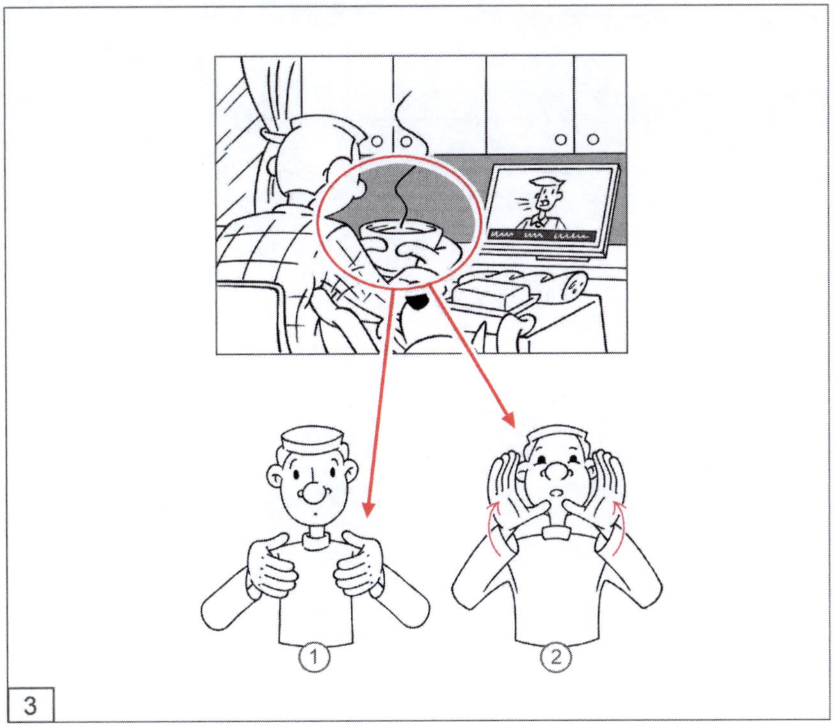

Le premier signe montre la forme d'un bol. Le deuxième signe garde cette configuration, et y ajoute un mouvement vers la bouche, ainsi qu'un mouvement de la tête vers l'arrière.

Lorsque ce mouvement est effectué de manière rapide, sans expression du visage particulière, il s'agit du nom : petit-déjeuner. Lorsque le mouvement est effectué de manière plus lente, montrant l'action de boire le contenu de ce bol, il s'agit du verbe.

Le signe suivant (4) est le signe : chien. Le signe (5) est composé : le corps, le visage et la main dominée sont ceux du personnage principal. La main dominante présente la patte du chien qui appelle le personnage. Un même signe présente ainsi deux êtres, l'homme et le chien, et leurs attitudes respectives, le chien appelant son maître et ce dernier dérangé pendant son petit-déjeuner. Le visage du locuteur montre l'état d'esprit du personnage qui est surpris et dérangé (les signes suivants expliquent pourquoi).

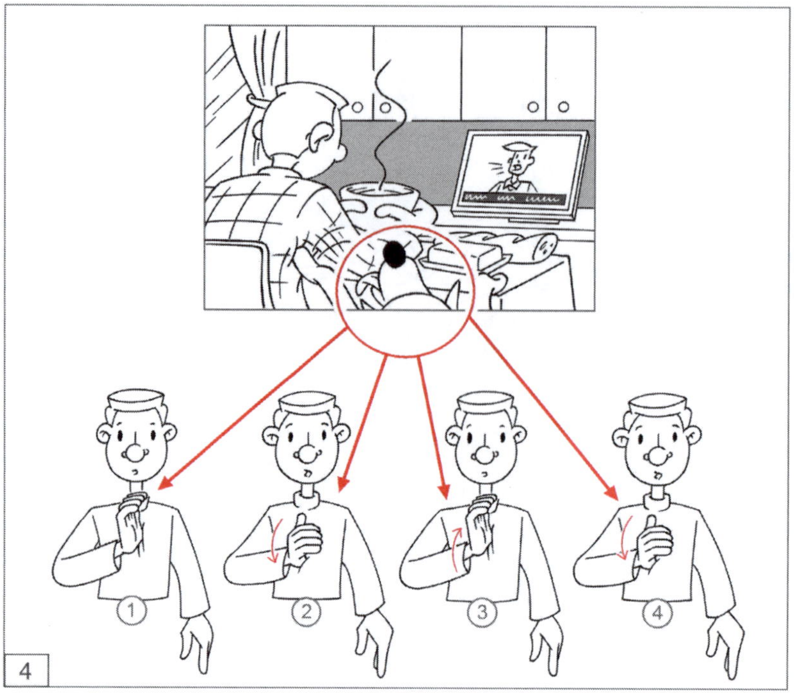

1
2
3
4
4

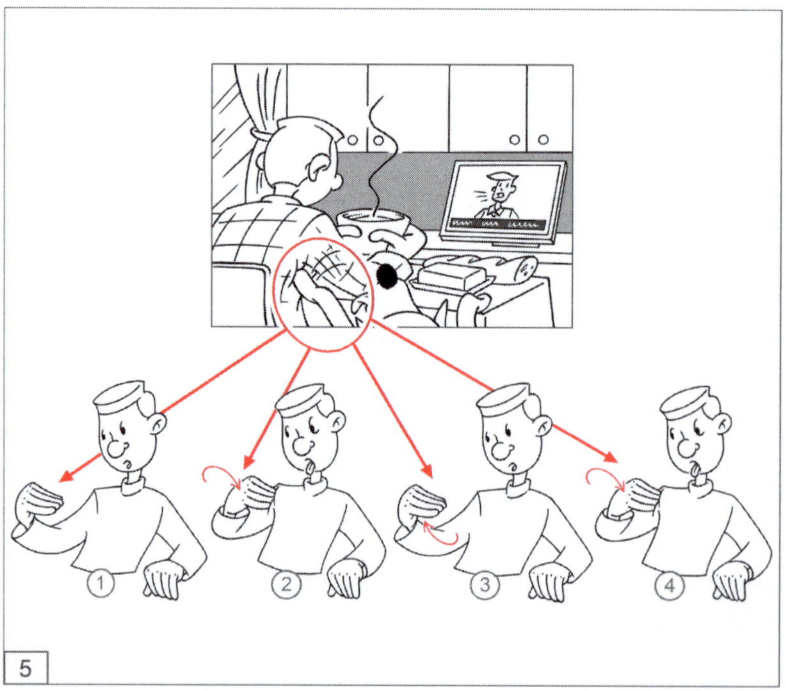

1
2
3
4
5

Le chien dérange son maître car celui-ci regarde la télévision. Il est d'ailleurs concentré sur le sous-titrage. Le signe (6) présente les deux mains qui se referment devant le visage, symbole de l'esprit qui passe de la dispersion à la concentration.

Le signe (7) est effectué par l'index et le majeur qui se déplient et se replient à l'horizontale, montrant les lignes du sous-titrage qui défilent à l'écran (les personnes sourdes peuvent ainsi suivre les journaux télévisés).

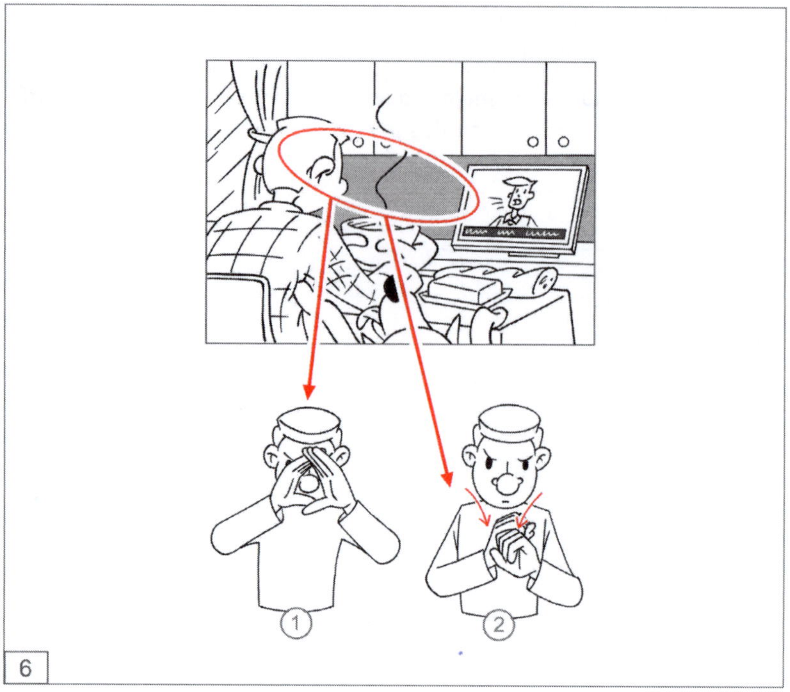
①
②
6

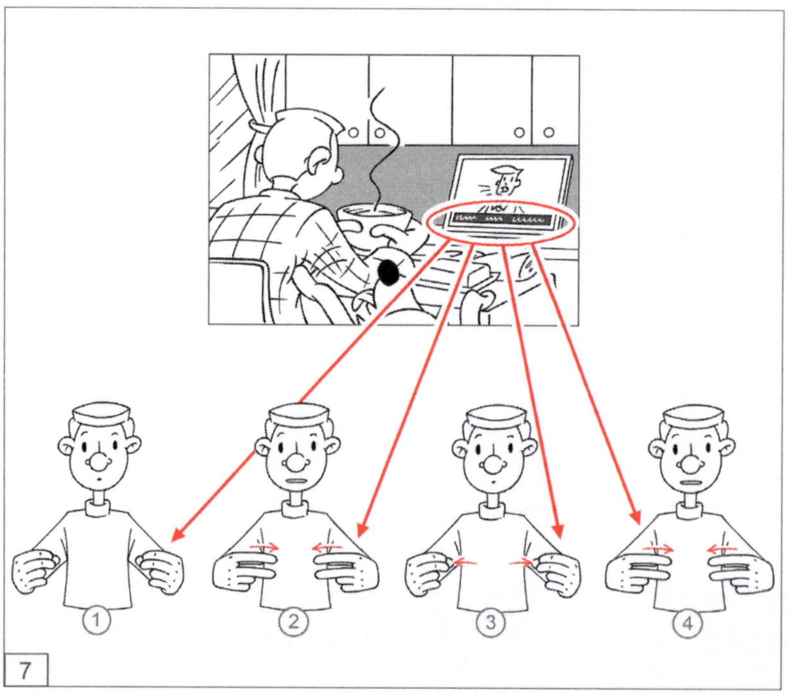
①
②
③
④
7

Le signe (8) part du visage, main ouverte, plus précisément du regard, et se referme dans une certaine direction : le regard capte quelque chose, de manière subite.

Si le poing fermé est placé à l'horizontale droit devant le personnage, il peut s'agit de quelque chose perçu par le regard à l'horizon ; si le poing fermé est orienté vers le sol, il peut s'agit de quelque chose aperçu par terre...

Ici, le poing fermé est orienté en direction de la montre : le personnage se rend compte de l'heure qu'il est.

Le visage du locuteur montre l'étonnement du personnage, sa surprise : concentré sur les informations télévisées, il ne s'est pas rendu compte de l'heure qui défilait, et il risque d'être en retard à son travail.

D'ailleurs, le signe suivant montre qu'il se dépêche...

Le personnage part à toute vitesse, il entre (dans son bureau), salue ses collègues et se met à sa table à dessin.

Le signe (9) montre les deux mains avec un mouvement rapide du poignet de haut en bas. Ce signe reproduit, en le simplifiant, en le schématisant, le geste du coureur dont les bras se balancent alternativement au fur et à mesure de sa course. Ici, le locuteur focalise l'attention sur le mouvement des mains. D'autres signes mettent l'accent sur divers aspects visuels : le mouvement des pieds ou des jambes, de la tête et des épaules, sur la poussière soulevée, etc.

Le signe (10) signifie : entrer. La main dominée, posée en travers, montre le seuil qui va être franchi. La main dominante montre ce mouvement de franchissement. Le seuil est ici indéfini : il peut s'agir d'un bureau, d'une chambre, d'un jardin... Seul le contexte précise ce seuil. Le signe (11), déjà vu, signifie : bonjour. Lorsque le locuteur s'adresse à un seul interlocuteur, le mouvement de la main est effectué en direction de cette personne. Ici, la main du locuteur effectue un mouvement circulaire : il s'adresse à toutes les personnes présentes dans le bureau. Il pourra être traduit par : bonjour à tous (et à toutes). Dans un petit groupe, il est aussi possible de répéter le signe par de petits mouvements en direction de chaque personne présente.

Dans le signe (12), la main dominée présente un plan incliné tandis que la main dominante effectue le signe : dessin. Il s'agit donc d'une table à dessin.

1
2
12

1
2
3
4
14

Le personnage discute en langue des signes (14) avec un collègue (13). En langue des signes, on place généralement les personnages avant les actions qui les concernent. Ici, le personnage, incarné par le locuteur, s'adresse à un collègue placé légèrement sur sa droite (en fonction de l'orientation du verbe : signer). Puis il part, et dit au revoir. Le regard est celui du personnage, orienté vers la ou les personnes à qui il s'adresse. Son visage présente un léger sourire – il est manifestement content de partir...

1
2
15

1
2
3
4
16

Le personnage se dirige vers une boulangerie. Il demande une baguette qu'il désigne du doigt. Le signe (17) est un proforme montrant le déplacement du personnage.

Le signe (18), reproduisant le geste d'enfourner le pain, désigne la boulangerie.

Par le signe (19), le locuteur désigne une baguette par sa forme fine et allongée : l'index et le pouce forment un rond étroit, dotés d'un mouvement latéral, et les joues du locuteur sont creusées.

En (20), le personnage désigne gestuellement le pain qu'il désire.

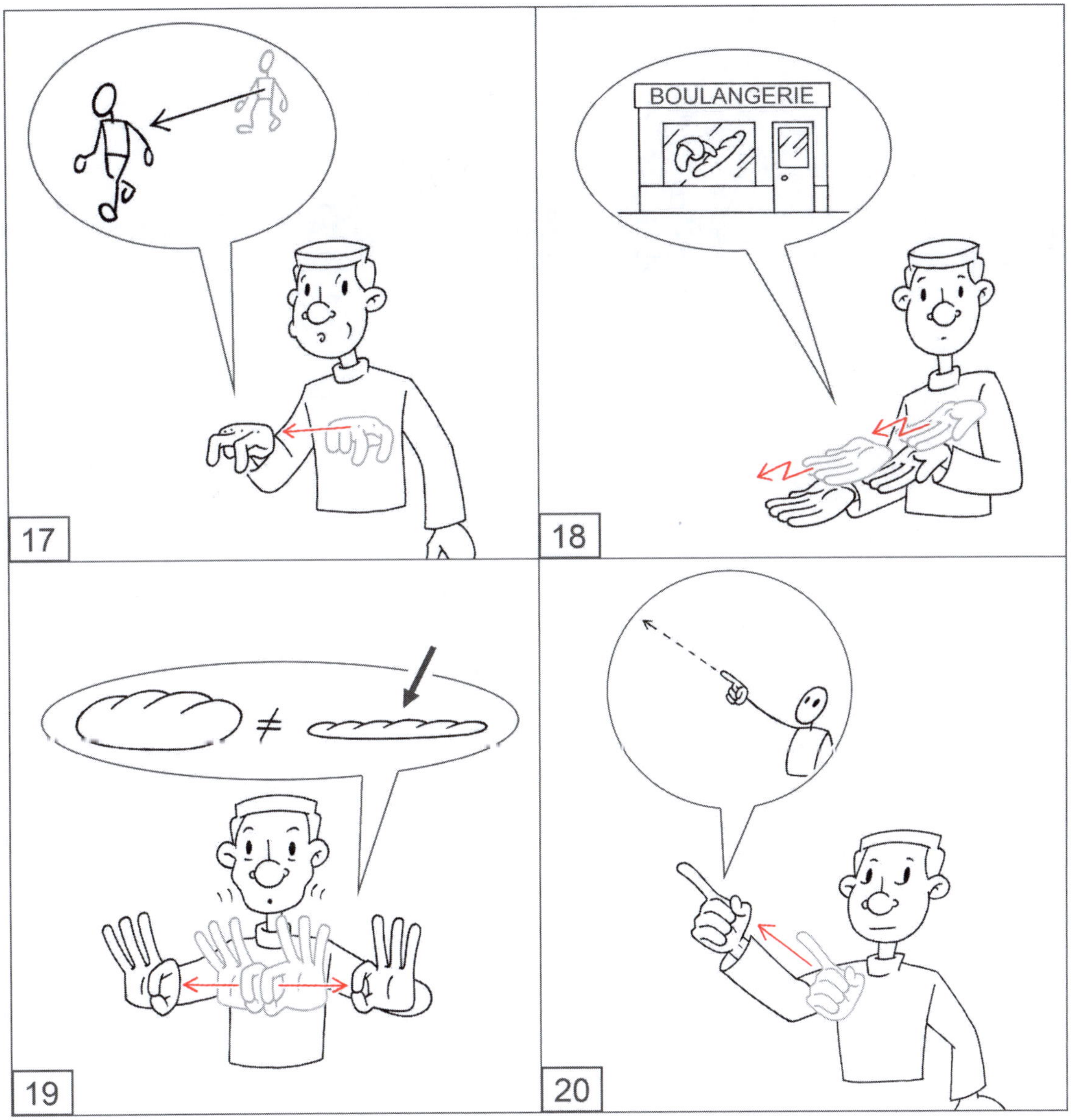

1
2
19

1
2
20

La boulangère regarde dans la direction que désigne le personnage, et comprend ce qu'il demande. Celui-ci repart avec sa baguette sous le bras. Le signe (21) signifie : femme. Le signe (22) signifie : regarder. Ce signe prend un mouvement qui le dirige dans la direction désignée par le personnage. Le signe (23) signifie : comprendre. La boulangère étant désignée au début de la phrase, et le locuteur prenant son rôle (transfert personnel), les deux verbes suivants lui sont clairement attribués : c'est bien elle qui regarde et comprend.

Pour le signe (24), le locuteur tourne ses épaules par rapport au signe précédent, pour indiquer le changement de rôle : il n'assume plus le rôle de la boulangère, mais reprend celui du personnage principal.

Le mouvement inverse s'était produit entre les signes (20) et (21).

Ces mouvements d'épaules et de direction du regard suivent les emplacements attribués à chaque personnage dans l'espace de signation. Lorsque le locuteur met en scène deux personnages, l'un sera placé à droite, l'autre à gauche, et le mouvement des épaules et du regard permet de comprendre clairement de qui l'on parle. Ces mouvements peuvent être rapides et fins, nécessitant une certaine habitude pour être bien maîtrisés.

Le signe (24) est composé : la main dominée montre qu'il tient la baguette sous le bras ; la main dominante est un proforme doté d'un mouvement vers l'avant.

Le personnage retourne à sa maison. Son chien l'accueille. Le personnage lui parle en langue des signes.

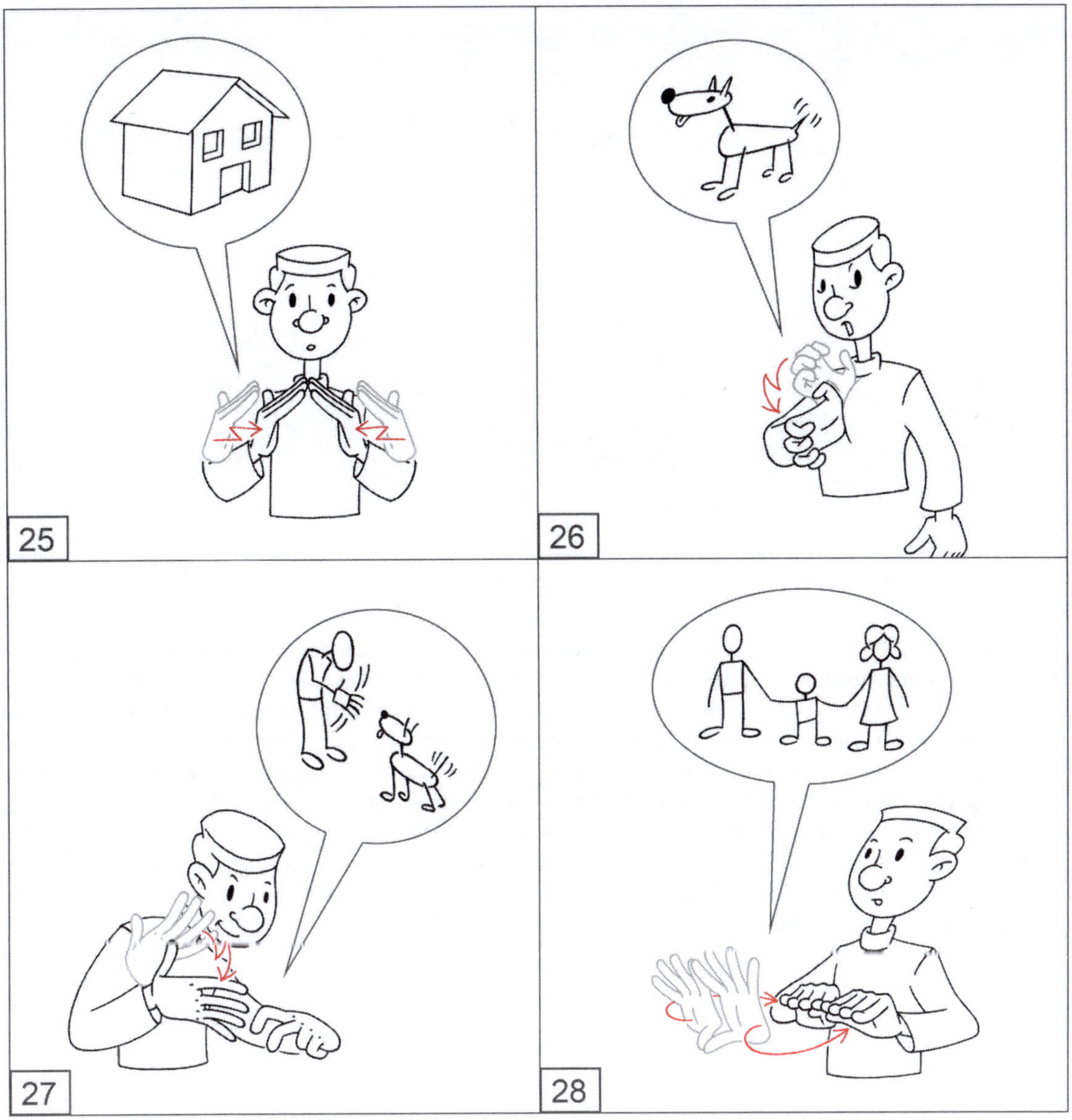

Remarque

L'éducation canine peut se faire en langue des signes – il n'est pas obligatoire de parler vocalement pour se faire comprendre.

Un certain nombre de personnes sourdes apprécient la présence d'un animal de compagnie, car celui-ci peut, notamment, les avertir des bruits inhabituels ou de la présence d'une tierce personne.

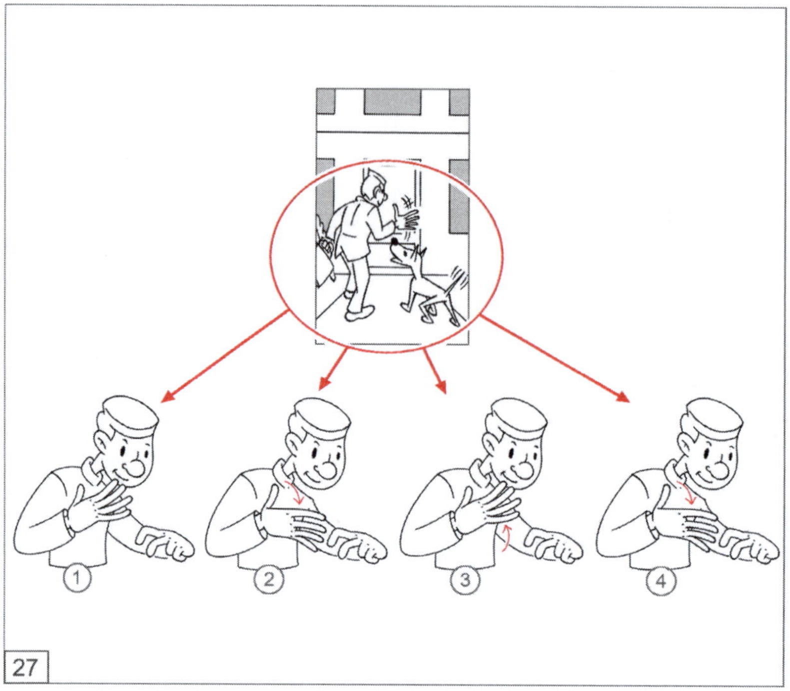

Le signe (27) est encore un signe composé : chaque main présente un personnage différent. Ici, la main dominée présente le proforme utilisé notamment pour désigner les quadrupèdes. Il s'agit du chien. Ce signe est orienté vers le locuteur : le chien est tourné vers son maître. La main dominante signfie : s'exprimer en langue des signes (signer). Le maître s'adresse en langue des signes au chien. Le visage orienté vers le proforme signifie que le maître regarde (avec un léger sourire) son chien. L'apprentissage de la langue des signes nécessite ainsi de changer de repères : les langues vocales, contraintes par le débit de la voix, ne peuvent exprimer qu'un concept, un mot en même temps. La langue des signes, utilisant les deux mains, le visage, les épaules, peuvent présenter plusieurs personnages dans le même signe, chacun avec sa propre attitude ou action. Ainsi, le signe (27) dont la réalisation se fait en moins d'une seconde nécessitera une longue phrase pour le traduire !

La famille (28) prend son repas (29). Tous discutent en langue des signes (30). Puis le fils se couche dans son lit (31) et regarde son père (32) qui va lui raconter une histoire. Le signe : manger (29) est répété plusieurs fois, montrant qu'il ne s'agit pas d'un seul plat mais de tout le repas.

Le signe (30), signer, est également répété avec divers emplacements, à droite et à gauche, montrant ainsi que les différents personnages présents autour de la table s'expriment en langue des signes.

Encore deux signes composés. Dans les signes (31) et (32), la main dominée prend la configuration du signe : lit. Ce signe est normalement effectué à deux mains (la deuxième main prend la même configuration et est placée en miroir de la première). Ne garder qu'une main pour exprimer ce signe permet de garder l'autre main libre pour exprimer autre chose. Dans le signe (31), la main dominante signe : fils.

Dans le signe (32), la main droite commence par le proforme de l'index posé sur le lit : le fils est étendu sur son lit. Puis la même main signe : regarder, verbe orienté depuis l'emplacement du lit vers le locuteur : le fils, allongé, regarde son père. Une même configuration peut être maintenue par la main dominée pendant plusieurs signes, permettant ainsi de placer différents personnages ou actions en lien avec l'objet ainsi placé dans l'espace de signation.

Le personnage principal lit un conte et le signe à son fils. Celui-ci finit par s'endormir. Le signe (33) signifie : livre.

Le signe (34) signifie : conte. Le signe (35) signifie : raconter (parfois décrire, expliquer). Le signe (36), en tant que nom, signifie : chambre ; et en tant que verbe : dormir. Le nom est signé de manière « neutre », sans insister sur l'action en question. Le verbe est signé avec un mouvement plus lent et plus marqué.

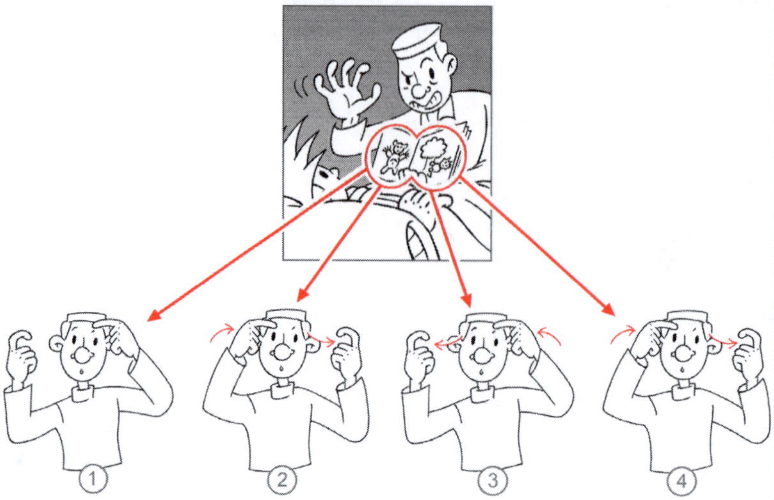

34

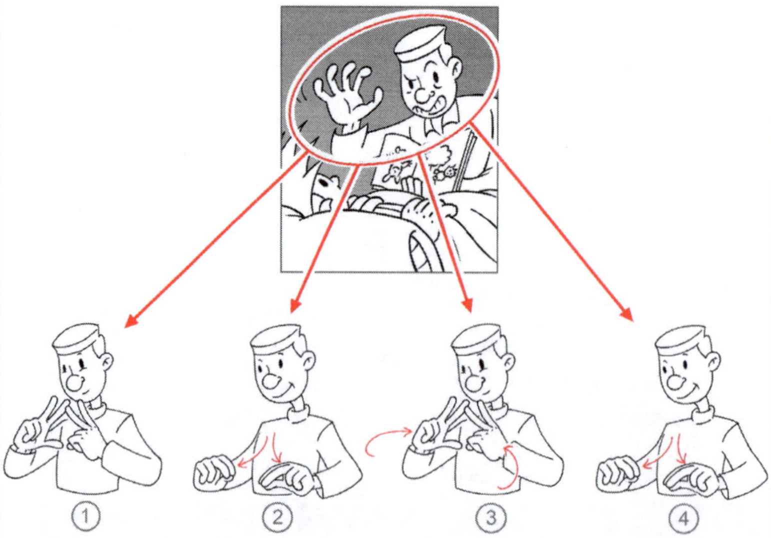

35

Le couple est allongé sur le lit. Ils se regardent. Le mari signe : bonne ; et la femme : nuit.

Le signe (37) signifie : couple. Le pouce et l'index se rejoignent plusieurs fois. Un signe proche, orienté vers l'avant, signifie : partenaire. Dans le signe (38), les deux protagonistes, allongés, se regardent. Le signe (39) signifie : bon (bonne). La main peut rester fermée en s'écartant du visage, ou elle peut s'ouvrir, selon les variantes locales. Le signe (40) signifie : nuit.

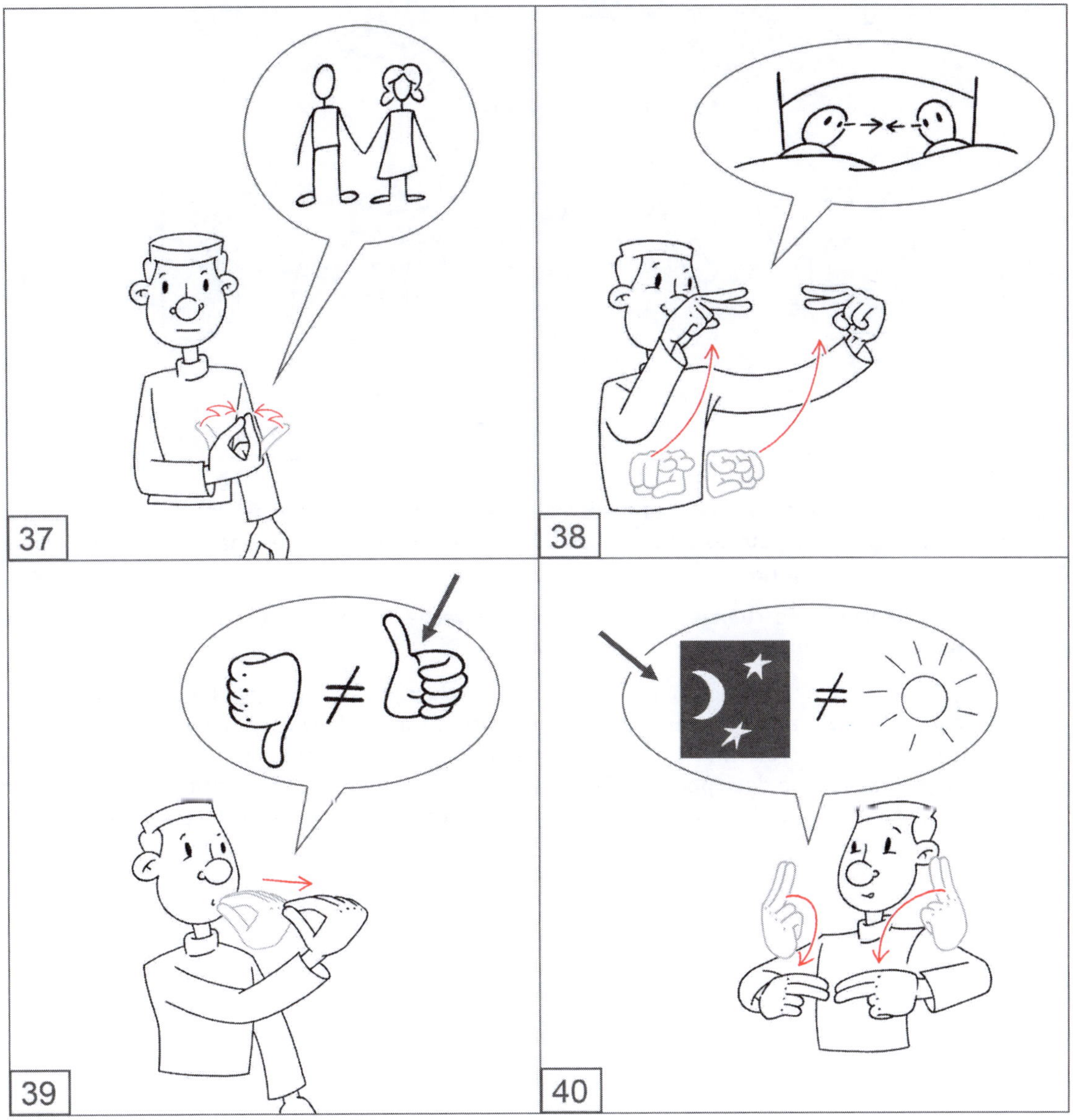

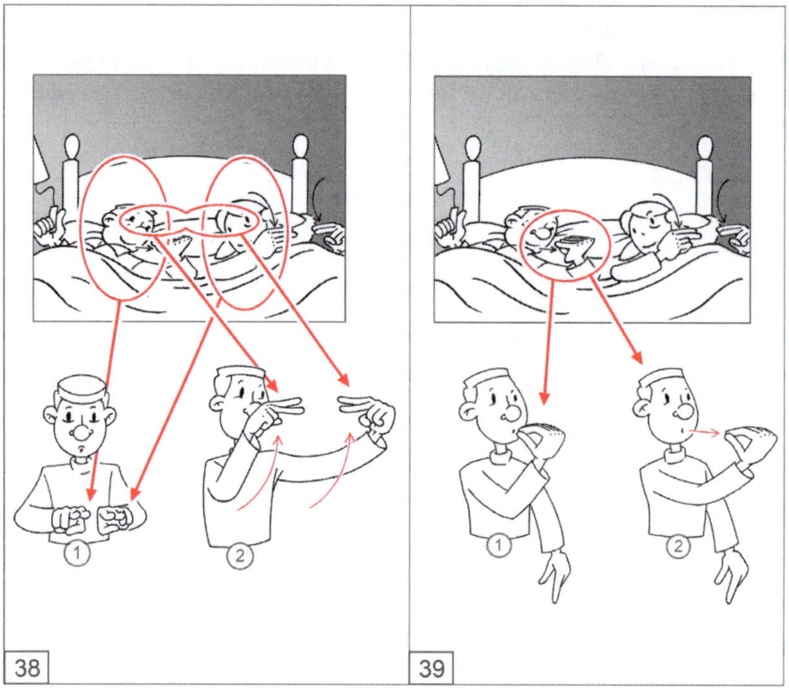

Le signe (38) est un peu complexe : les deux mains commencent par prendre la configuration index et majeur tendus côte à côte, autres doigts repliés. Il s'agit d'un proforme désignant ici deux personnes allongées l'une à côté de l'autre.

Puis l'index et le majeur s'écartent légèrement : il s'agit du verbe « regarder ». Les deux mains se tournent l'une vers l'autre : les deux personnages se regardent.

Ainsi, un léger changement de configuration marque un changement de signe, passant d'un pronom (proforme) à un verbe. Et l'attention qui était d'abord portée sur les deux corps allongés passe rapidement sur les regards qui se croisent. Puis le mari signe : bonne, et sa femme : nuit. À noter, comme cela se produit en général lorsque deux personnages sont placés dans l'espace de signation : le changement d'orientation des épaules et du regard, signifiant le changement de personnage (de locuteur dans le récit).

Exercice

Comme vous avez pu le constater, ce récit comporte de nombreux transferts (transferts personnels, doubles transferts...). Identifiez tous les types de transferts que vous trouvez.

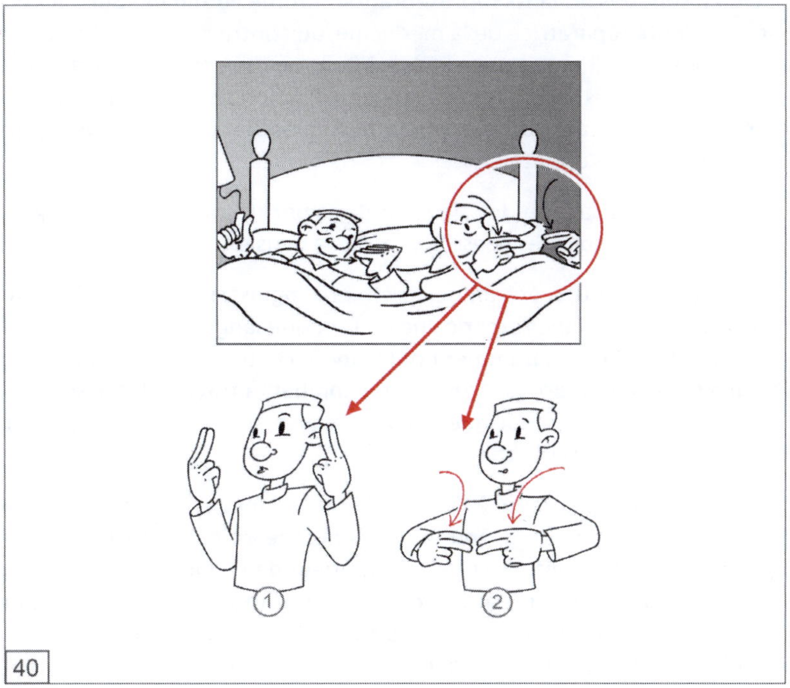

Voilà le récit de la journée d'un sourd. Pour un certain nombre d'entre eux, il peut s'agir d'un récit un peu « idéal » : il n'est pas très fréquent que leurs collègues connaissent la langue des signes. Cependant, le développement des cours de langue des signes dans toute la France peut permettre, progressivement, de réaliser ce rêve... Il s'agit d'un récit de la vie quotidienne, montrant les interactions entre sourds et entendants, l'insertion dans la société, les aides techniques facilitant cette insertion. À noter particulièrement les sous-titrages et traductions en langue des signes qui se multiplient à la télévision ou dans les vidéos que l'on trouve, par exemple, sur internet. Ces sources d'information accessibles sont un important progrès pour les personnes sourdes.

De même les installations comme les flashs lumineux, les outils de communication comme les smartphones, le développement des services d'interprètes en langue des signes...

Reconnaissance de la langue des signes

À partir de l'abbé de l'Epée (1712-1789), le fondateur de la première école pour sourds, la langue des signes a obtenu ses lettres de noblesse : elle permet d'enseigner tout domaine, y compris les domaines les plus abstraits. Les professeurs et directeurs sourds qui ont œuvré tout au long du XIXe siècle en sont des brillants représentants, comme Ferdinand Berthier qui a reçu la légion d'honneur. La volonté réparatrice de la médecine, au contraire, a cherché, à partir du XIXe siècle, à imposer le modèle de l'homme « normal », l'homme qui oralise. Et la langue des signes a subi toutes les critiques, toutes les injures : ce langage d'action ne permet pas d'accéder aux pensées abstraites, c'est le langage des hommes primitifs, il épuise le corps et ne permet pas de développer le souffle... Que d'idioties ont été écrites !

Au long du XXe siècle, la langue des signes a donc perdu son statut de langue, à tel point que beaucoup de personnes sourdes elles-mêmes ne la considéraient pas en tant que telle.

William Stokoe (1919-2000) a été un des premiers linguistes, aux Etats-Unis, à chercher à faire reconnaître la langue des signes américaine en tant que langue par les linguistes. En France, Paul Jouison puis Christian Cuxac notamment ont œuvré à cette reconnaissance. Au niveau politique et éducatif, il a fallu de nombreuses années de combat, à travers des associations comme Deux langues pour une éducation, pour que la LSF retrouve son statut (voir André Minguy, *Le réveil sourd en France,* Éditions L'Harmattan, 2009).

La loi du 11 février 2005 proclame à l'article 75 : « La langue des signes française est reconnue comme une langue à part entière. Tout élève concerné doit pouvoir recevoir un enseignement de la langue des signes française. Le Conseil supérieur de l'éducation veille à favoriser son enseignement. Il est tenu régulièrement informé des conditions de son évaluation. Elle peut être choisie comme épreuve optionnelle aux examens et concours, y compris ceux de la formation professionnelle. Sa diffusion dans l'administration est facilitée. »

Depuis, les initiatives se multiplient : formations universitaires d'interprètes en langue des signes, création d'accueils en langue des signes dans des administrations ou services publics, formation et embauche de guides sourds dans des musées ou lieux culturels, développement de troupes de théâtre en langue des signes, sous-titrage et traductions à la télévision, notamment sur les chaînes d'information, etc.

L'éducation nationale a également mené des actions : diffusion des programmes d'enseignement de la langue des signes pour le primaire, le collège, le lycée, création de l'option langue des signes au brevet, au baccalauréat ou au BTS, création d'un CAPES de LSF, ajout de la LSF au Diplôme de compétence en langue, création d'un poste d'inspecteur chargé de la langue des signes, recrutement de chercheurs sourds par le CNRS, d'enseignants-chercheurs sourds par l'université, accès au Doctorat d'un nombre croissant de sourds...

Cependant, le combat est loin d'être fini !

43 Formations, métiers

Apprendre la langue des signes peut être motivé par le simple plaisir de découvrir une langue différente ou le désir de s'épanouir grâce à une langue visuo-gestuelle. Cet apprentissage peut aussi viser un but professionnel.

Il existe de nombreux métiers pouvant avoir recours à la langue des signes :

- interprète langue des signes / français. Les interprètes interviennent pour tout type de situations : formations, réunions, conférences, tribunal, hôpital, etc. Le diplôme d'interprète est de niveau master 2. Cinq universités proposent cette formation :
  - CETIM - Université de Toulouse Jean Jaurès
    http://cetim.univ-tlse2.fr/
  - Université Vincennes Saint-Denis (Paris 8) :
    http://www.ufr-sdl.univ-paris8.fr/Presentation-du-parcours-ILSF-F
  - ESIT-Université Paris 3
    http://www.univ-paris3.fr/accuei l-interpretation-lsf-46745.kjsp
  - Université de Rouen
    http://lsh.univ-rouen.fr/master-linguistique-interpretariat-en-langue-des-signes-280161. kjsp
  - Université Charles de Gaulle (Lille 3)
    https:/ /www.univ-lille3.fr/ufr-humanites/sciences-langage/formations/masters/lsf/
- enseignant de langue des signes. Ces enseignants interviennent soit dans le privé (association, école privée), soit dans le public (école, collège, lycée). Il existe diverses formations comme la licence professionnelle « Enseignement de la langue des signes française en milieu scolaire » ou le DPCU Spécialisation enseignement de la langue des signes française de l'Université Paris 8, ou le Diplôme d'Université « Enseignant-formateur de langue des signes française » de l'Université Grenoble-Alpes. Pour enseigner dans le secondaire, il existe un CAPES de langue des signes (voir http://www.capes-lsf.ac-versailles.fr/ et http://www.cndp.fr/ressources-lsf/).
- enseignant spécialisé. Il s'agit d'enseigner non pas la langue des signes, mais en langue des signes (le français, les mathématiques, etc.). Ces enseignants interviennent soit dans les écoles spécialisées (pour cela, il faut passer le Master MEEF 2nd degré Parcours LSF : Paris 8/Espé de Créteil et Lille 3 / Espé LNF), soit dans le public (auquel cas, il faut d'abord passer un CAPES dans la matière souhaitée, puis suivre une spécialisation, comme le CAPPEI, à l'INSHEA : http://www.inshea.fr/. ou la certification complémentaire).
- agent d'accueil ou d'information. De nombreuses entreprises ou services publics peuvent organiser un accueil adapté pour les personnes sourdes. Cet accueil peut être réalisé par des sourds eux-mêmes, ou par des personnes entendantes formées à la langue des signes. Parmi les formations possibles, l'université Paris 8 propose le DPCU Pratique approfondie de la langue des signes, ou le DESU professionnel bilingue langue des signes française-français ; l'université Aix-Marseille propose la Licence

Professionnelle mention Intervention Sociale, Spécialité Travailleurs Sociaux et Soignants Signeurs ; l'université de Rouen propose une licence et un DU de langue des signes par un enseignement à distance ; le CETIM (université de Toulouse) et l'université de Poitiers proposent une licence sciences du langage / langue des signes française.

- tout métier en contact avec des personnes sourdes. Les assistants de service social, les personnels soignants, les éducateurs, les agents de diverses administrations, les guides touristiques ou scientifiques... peuvent accueillir des personnes sourdes et intervenir directement en langue des signes. Pour cela, un diplôme de langue des signes n'est pas toujours nécessaire, mais une bonne maîtrise de la langue est indispensable.

En ce qui concerne les adultes, pour faire reconnaître officiellement son niveau de maîtrise de la langue des signes, il existe le Diplôme de compétence en langue – diplôme national professionnel qui suit les niveaux du Cadre européen commun de référence pour les langues : http://www.education.gouv.fr/cid55748/le-diplome-de-competence-en-langue-dcl.html.

En ce qui concerne les scolaires, la langue des signes peut être choisie comme langue optionnelle pour le brevet, le baccalauréat et le brevet de technicien supérieur : http://eduscol.education.fr/cid47774/enseignement-de-la-langue-des-signes.html.

La langue des signes peut être apprise :

- dans de nombreuses associations, comme Visuel-LSF (http://www.visuel-lsf.org/), International visual theatre (http://ivt.fr/), IRIS (http://www.irislsf.fr/). SERAC (http://serac.asso.free.fr/formation.htm), l'Académie de la langue des signes (http://www.languedessignes.fr/), STEUM (https://www.steum.com/). l'école française de langue des signes (http://www.eflsignes.com/). etc.
- dans diverses universités comme Bordeaux Montaigne, Lumière Lyon 2, Orléans, Blaise Pascal Clermont-Ferrand, Bretagne Loire, ainsi que les universités citées plus haut.

Cette liste est susceptible d'évoluer : de nouvelles formations peuvent voir le jour...

44 Bibliographie, sitographie

Livres : Langue des signes

- International Visual Theatre, *La langue des signes* - 4 tomes Éditions IVT
- Christian Cuxac, *La langue des signes française. Les voies de l'iconicité,* Faits de Langues 15/16, Éditions Ophrys, 2000
  —, « Les langues des signes : analyseurs de la faculté de langage », *Acquisition* et *interaction en langue étrangère,* 15 1 2001 : http://aile.revues.org/536
- Brigitte Garcia et Marc Derycke (coord.), Sourds et Langues des signes. Norme et variations. Numéro spécial de la revue *Langage* et *Société,* n° 131, Fondation Maison des Sciences de l'Homme, Paris, 2010
- *LSF, mode d'emploi,* Éditions Monica Companys, 2003
- *Langue des signes française*, Manuels scolaires avec DVD (niveaux Al, A2), Éditions Belin, 2013
- Yves Delaporte, *Dictionnaire étymologique* et *historique de la langue des signes française,* Éditions du Fox, Les Essarts-le-Roi, 2007
- Yves Delaporte et Joël Chalude, *Gros signes,* Éditions du Fox, Les Essarts-le-Roi, 2006
- *Tu vois* ce *que je veux dire,* Éditions Monica Companys, 2013
- Marie-Anne Sallandre, « Les unités du discours en Langue des Signes Française. Tentative de catégorisation dans le cadre d'une grammaire de l'iconicité ». Thèse de doctorat, Université Paris 8, Saint-Denis, 2003, https://halshs.archives-ouvertes.fr/tel-00185376
- Françoise Bonnal, « Sémiogénèse de la langue des signes française : étude critique des signes de la langue des signes française attestés sur support papier depuis le XVIIIe siècle et nouvelles perspectives de dictionnaires », Thèse de doctorat, Université Toulouse 2, 2005
- Yann Cantin, Les Sourds-Muets de la Belle Epoque, une communauté en mutation, Thèse de doctorat, École des hautes études en sciences sociales, Paris, 2014, https://hal.archivesouvertes. fr /tel-01116965/document

Livres : Témoignages

- Emmanuelle Laborit, *Le cri de la mouette,* Robert Laffont, Paris, 1994.
- Armand Pelletier et Yves Delaporte, *Moi, Armand, né sourd et muet,* Collection Terre Humaine, Plon, 2002.
- Joël Chalude, *Je suis né deux fois,* Fragments d'identité, Autres temps, 2002.

Livres : Monde des sourds

- Guy Jouannet *L'écran sourd,* Coédition CTNERHI-INJS, 1999
- Yves Delaporte, *Les sourds, c'est comme ça. Ethnologie de la surdi-mutité,* Éditions de la Maison des sciences de l'homme, 2002.
- Jean Grémion, *La planète des sourds,* Messinger, Paris, 1990.
- Harlan Lane, *Quand l'esprit entend,* Odile Jacob, Paris 1991
- Oliver Sacks, *Des yeux pour entendre,* Seuil, Paris, 1990
- André Minguy, *Le réveil sourd en France,* L'Harmattan, 2009
- Thomas K. Holcomb, *Introduction à la culture sourde,* Erès,2016
- Patrice Gicquel, Domas, *Le monde incroyable des sourds,* L'Harmattan, 2005
- Bernard Mottez, *Les sourds existent-ils ?,* L'Harmattan, 2006
- Surdités, langues, cultures, identités : recherches et pratiques, *La nouvelle revue de l'adaptation* et *de la scolarisation,* n° 64, Andrea Benvenuto et Didier Séguillon (dir.), 2013
- Fabrice Bertin, *Les sourds, une minorité invisible,* Autrement, 2010
- Maryse Bezagu-Deluy, *L'Abbé de l'Epée, instituteur gratuit des sourds-muets 1.71.2-1.789,* Seghers, 1990
- André Meynard, *Quand les mains prennent la parole,* Erès,2002
- Sylvain Kerbouc'h, *Le mouvement sourd, 1970-2006: de la langue des signes française* à *la reconnaissance sociale,* L'Harmattan, 2012
- Brigitte Garcia et Florence Encrevé, « La Langue des signes Française (LSF) », in *Histoire sociale des Langues de France* (Georg Kremnitz dir.), Presses Universitaires de Rennes, 2013, pp. 619-629
- Florence Encrevé, *Les sourds dans la société française au XIX*[e] *siècle,* Créaphis éditions, 2013
- Jean Dagron, *Les silencieux,* Éditions Presse Pluriel, 2008
- Pierre Guitteny, *Entre sourds* et *entendants,* Éditions Monica Companys, 2009
- Alexandre Bernard, Florence Encrevé, Francis Jeggli, *L'interprétation en langue des signes : Français/Langue des signes française* Presses Universitaires de France, 2007
- Patrice Gicquel, *Il était une fois les sourds français,* Éditions Books on Demand, 2011

Bandes dessinées

- Bénédicte Gourdon, Roger Rodriguez, *Collection Signes* (10 tomes), Éditions Thierry Magnier
- Osamu Yamamoto, *L'orchestre des doigts* Milan, 2006
- Éric Liberge, *Aux heures impaires,* Futuropolis, 2008
- Sandrine Allier-Guepin, *Je suis sourde, mais c'est pas contagieux !,* Éditions du Fox, 2010
- Éric Corbeyran (Collectif), *Paroles de sourds,* Delcourt, 2005
- Yves Lapalu, *Léo, l'enfant sourd. Trois tomes,* Éditions du Fox, Les Essarts-le-Roi, 1998.
- Yann Cantin et Dano, *Les témoins silencieux,* Monica Companys, 2012
- Yoshitoki Oima, *A silent Voice,* Ki-oon, 2015
- Tito, *Regarde-moi,* Casterman, 1998
- Domas, *Enquête à quatre mains, Partition pour un sourd,* Éditions du Verseau (Visucom), 1998, 1999
- Pat Mallet, *Là bas y'a des sourds,* Éditions du Fox, Les Essarts-le-Roi, 2003
  — *Tant qu'il y a des sourds,* Éditions du Fox, Les Essarts-le-Roi, 2005
  — *Les durs d'oreilles à travers l'histoire,* Éditions du Fox, Les Essarts-le-Roi, 2009
- Marc Renard et Yves Lapalu, *Sourd, cent blagues* - Trois tomes, Éditions du Fox, Les Essarts-le-Roi, 1998-2011
- Bénédicte Gourdon, Malika Fouchier & Le Gohan, *Des mots dans les mains,* Delcourt, 2007

Revues

- Écho-Magazine : www.echo-mag.fr
- Art'Pi : http://www.art-pi.fr/public/page/
- Double Sens : http://www.afils.fr/journal-et-revue-afils/
- Info Fax Sourds, éditions Lilavie : http://www.lilavie.fr/page.php?categ=10

Sitographie *(les adresses des sites internet peuvent évoluer)*

- *Dictionnaires de langue des signes* en *ligne (signaires)*
  - http://www.elix-lsf.fr/
  - http://handicnam.cnam.fr/lsf/themes.php
  - http://impotslsf.websourd.org/
  - http://lsf.wikisign.org/wiki/Wikisign : Accueil
  - http://www.sourds.net/dicolsf/dictionnaire/
  - http://www.lsfdico-injsmetz.fr/index.php?page=accueil
  - http://www.pisourd.ch/index.php?theme=dicocomplet
  - http://www.sematos.eu/lsf.html
  - http://lsf.education.fr/index.php?page=accueil http://www.lsfplus.fr/ http://www.culinan.net/

- http://www.sign-lang.uni-hamburg.de/dicta-sign/portal/concepts/concepts_fre.html http://www.irit.fr/presto/lexique.html
- http://www.lsf-portedeveil.com/
- http://blog.ove.asso.fr/neosignes/neosignes/ https://sites.google.com/site/languesignes/dico

- ***Langue des signes***
  - http://pourtous.lesite.tv/presentation2.cfm
  - http://www.lambert-lucas.com/archives-de-la-langue-des-signes
  - http://www.cndp.fr/ressources-lsf/
  - http://www.visuel-lsf.org/
  - http://www.ufr-sdl.univ-paris8.fr/Linguistique-des-langues-des
  - http://www.univ-paris8.fr/Langue-des-signes-francaises http://www.universcience.tv/rechercher-lsf.html
  - projet Creagest : https://www.ortolang.fr/market/corpora/ortolang-000926

- ***Monde des sourds***
  - http://www.ivt.fr http://www.fnsf.org/ http://www.eud.eu/ https://wfdeaf.org/ http://www.monica-company.com http://wwwcstd.fr http://www.tertium-editions.fr/
  - http://www.france5.fr/emissions/l-oeil-et-la-main/
  - http://www.2-as.org/site/
  - http://www.signesdesens.org
  - http://www.echo-magazine-sourds.fr/
  - http://www.art-pi.fr/public/page/
  - http://www.lesmontagnesdusilence.org/
  - http://www.sourds.net/
  - https://fr.groups.yahoo.com/neo/groups/Deaf-France/info
  - http://injs.biblLfr/opac/ http://afils.fr/
  - http://www.annuaire-interpretes-lsf.com/
  - http://www2.gallaudet.edu/
  - http://www.capes-lsf.ac-versailles.fr /

Filmographie *Une autre voie pour découvrir le monde des sourds…*

- **J'avancerai vers toi avec les yeux d'un sourd**
  De Laetitia Carton, 2016

- **Témoins sourds, témoins silencieux**
  De Brigitte Lemaine, Stephane Gatti, 2008

- **Le Pays des sourds**
  De Nicolas Philibert, 1993

- **Ces sourds qui ne veulent pas entendre**
  De Angélique Del Rey Sarah Massiah, 2012

- **Sourds et malentendus**
  De Sandrine Herman, Igor Ochronowicz, 2009

- **Sourds à l'image**
  De Brigitte Lemaine, 1995
- **La famille Bélier**
  De Eric Lartigau, 2013
- **Marie Heurtin**
  De Jean-Pierre Améris, 2014
- **The Tribe**
  De Myroslav Slaboshpytskiy, 2014
- **Les Enfants du silence**
  De Randa Haines, 1987
- **La Vie silencieuse de Marianna Ucria**
  De Roberto Faenza, 1997
- **DVD**
  - La LSF en 15 étapes (livre + DVD), Monica Companys, 2002
  - Avec nos yeux, Production Les Films du Tambour de Soie, 2012
  - Collection Contes du monde entier, Éditions IVT (9 DVD), Réalisation Art2voir
  - Du bout des doigts, Édition Enfance et musique
  - La malédiction, Éditions Conte sur tes doigts, 2007
  - S'il te plaît, dis-moi..., Production Steadifilms (4 DVD), Diffusion : IVT : www.ivt.fr
  - Les montagnes du silence
    www.lesmontagnesdusilence.org

Éditeurs spécialisés, collections

- Éditions du Fox, 12, rue d'Auffargis, 78690 Les Essarts-le-Roi
  http://www.2-as.org/editions-du-fox/
- Éditions Monica Companys, 20 rue du Soleil Levant, 49140 Villevêque
  www.monica-companys.com
- Les éditions d'IVT, 7 Cité Chaptal, 75009 Paris
  www.ivt.fr
- Signes de sens (conte sur tes doigts), 76, boulevard J-B Lebas 59000 Lille
  http://www.signesdesens.org
- Éditions Lambert-Lucas, Collection Archives de la langue des signes, 4 rue d'Isly 87000 Limoges
  http://www.lambert-lucas.com/archives-de-la-langue-des-signes
- Éditions Thierry Magnier Collection Signes, 18 rue Séguier 75006 Paris
  http://www.editions-thierry-magnier.com/recherche_collections.php?collection=538
- Éditions du patrimoine, Collection Lex'Signes
  https://www.editions-du-patrimoine.fr/

45 Table des signes

Postface

En dépit de réelles avancées ces dernières années, beaucoup reste à faire pour la connaissance, la reconnaissance et la diffusion des langues des signes, langues des sourds, et, pour ce qui concerne la France, de la langue des signes française (la LSF). Cet ouvrage d'initiation, à la fois court et dense mais de lecture fluide et mêlant intimement texte et image, est, pour cette seule raison déjà, plus que bienvenu. Les idées reçues ont la vie dure chez ceux qui n'ont pas encore eu la chance de rencontrer une langue des signes et, avant cela, d'apprendre à voir leurs locuteurs naturels, les sourds. Parmi elles, il y a, bien trop souvent encore, cette idée qu'une langue des signes ne serait rien d'autre qu'un « transcodage gestuel » de la langue vocale environnante, un simple alignement de gestes correspondant aux mots de la langue parlée par les entendants. L'ouvrage le montre parfaitement : il s'agit en réalité de tout autre chose. Une langue des signes et une langue vocale sont au moins aussi différentes l'une de l'autre que, par exemple, le français l'est du mandarin, ou de l'inuit. Il est même probable que l'écart soit encore bien plus grand. La LS pratiquée en France, la LSF, n'a rien à voir avec la langue française (si ce n'est l'adjectif « française » !). Elle obéit à une grammaire qui lui est propre, une grammaire visuelle et spatiale très éloignée de celle de la langue vocale, qui, elle, suit une logique forcément linéaire (difficile de produire deux sons et a fortiori deux mots en même temps...) et beaucoup moins iconique (essayez donc, avec la voix, de dire iconiquement une maison, un arbre, un être humain, ou encore d'indiquer iconiquement son chemin à un passant !). Bien sûr, comme la LSF est pratiquée sur le même territoire que le français et que ses locuteurs sont des citoyens français, souvent bilingues, il existe toutes sortes de contacts au quotidien entre les deux langues. Pour cette raison, la LSF peut emprunter des unités au français, de la même façon que le français lui-même a emprunté aux autres langues vocales tout au long de son histoire. Ceci est même la preuve qu'il s'agit de langues, et de langues vivantes : toutes les langues se nourrissent les unes des autres, depuis toujours, en fonction de leurs besoins ! Parmi les diverses manières qu'a une langue des signes d'emprunter à la langue vocale, il ya le recours à ce (trop) fameux alphabet manuel (« dactylologique ») – à quoi les langues des signes sont hélas souvent réduites, alors qu'il ne s'agit que d'un outil plutôt secondaire. Comme ceci est expliqué dans l'ouvrage, une façon de faire est de créer un nouveau signe dont la forme de la main qu'il utilise (sa « configuration ») correspond, dans l'alphabet manuel, à la première lettre du mot français que l'on veut « emprunter ». Mais ce qui est très intéressant, c'est que, assez souvent, cet emprunt n'est conservé à plus long terme par la LS que si cette lettre manuelle coïncide aussi, dans sa forme visuelle et son potentiel iconique, avec quelque chose du sens du concept ainsi exprimé. Et, bien sûr, le signe ainsi créé à partir du mot français, s'il est intégré par la langue, vit sa propre vie de signe de cette langue et son sens, souvent, s'éloigne rapidement de celui du mot dont s'il est servi au départ.

Mais une autre remarque importante à ce sujet est que le français peut, lui aussi, emprunter à la LSF. Bien sûr, ceci se limite à la petite communauté d'entendants qui connaissent et utilisent la LS, et qui fréquentent les sourds. Le mot « entendant », justement, en est un bel exemple, dont l'emploi surprend tellement ceux qui ne connaissent pas les sourds. Pourtant, dès lors qu'on découvre que les sourds existent, qu'ils sont locuteurs naturels de langues à part entière et porteurs d'une culture propre, on comprend vite tout ce que signifie « ne pas être sourd », puis, a contrario, « être sourd » ! Et il faut bien alors marquer la distinction. Pour ce faire, le français a créé un mot qui calque un de ceux (mais pas le plus ancien) que les sourds, eux, utilisent depuis longtemps dans leur langue (parce qu'eux, bien sûr, n'ont jamais pu se permettre d'ignorer l'existence de ceux qui ne sont pas sourds !) : l'extrémité du majeur tendu, formant une « fourche » avec l'index, également tendu, touche l'oreille à deux reprises (« celui qui entend, l'entendant »). Mais, pour faire bonne mesure, donnons un autre exemple encore d'emprunt du français à la LSF. Pour exprimer qu'un contact est direct, physique, la LSF utilise le signe consistant à se pincer une joue entre le pouce et les autres doigts repliés, qui, dans d'autres contextes, peut se traduire par « peau ». Calquant ce signe et sa construction, les entendants familiers de la LSF utilisent en français, pour signifier une rencontre en présentiel, l'expression « se voir peau ». Ainsi, si la LSF n'était pas une langue minoritaire (et encore si souvent minorée), elle serait elle aussi, comme toute langue, source d'emprunts pour le français. Personne, pourtant, ne songerait pour cette raison à nier que le français soit une langue, avec son lexique et sa grammaire spécifiques. Il existe une autre idée reçue, très répandue elle aussi et qui, paradoxalement d'ailleurs, cohabite avec la précédente (celle qui voit la langue des signes comme un transcodage gestuel de la langue vocale environnante). Cette autre idée reçue s'ancre dans un très ancien rêve de l'Humanité entendante-parlante : il y aurait « une » langue des signes, langue universelle. La réalité est pourtant bien plus surprenante et bien plus intéressante que cela. Comme les auteurs le rappellent, il existe des langues des signes dans le monde, beaucoup plus nombreuses qu'on ne le dit d'ailleurs, et elles diffèrent les unes des autres, surtout par leurs lexiques respectifs. Mais, en même temps, il est vrai également que deux sourds locuteurs de langues des signes différentes et sans lien historique, ont une capacité à se comprendre et une rapidité à mettre en place des échanges sophistiqués qui sont sans commune mesure avec ce qu'il en est pour deux locuteurs entendants de langues vocales différentes. C'est qu'en fait – et c'est un des mérites de cet ouvrage que d'y insister, dès le départ et tout au long – les langues des signes ont la forte originalité d'exploiter deux manières de dire bien différentes. Elles disposent d'une manière de dire « classique », celle qui utilise des signes lexicaux (parfois iconiques d'ailleurs et parfois non), unités correspondant par convention à un concept et qui, à ce titre, fonctionnent plus ou moins comme les « mots » des langues vocales. Mais cette manière-là est bien loin d'être la plus importante. L'autre manière consiste à dire et, en même temps, à montrer ce qu'on dit, c'est-à-dire à le donner littéralement « à voir », dans son plus fin détail. Ce qui permet cela, ces « structures de transfert » décrites dès l'ouverture du livre, directement fondées sur l'iconicité tout en étant très strictement réglées, se retrouve semble-t-il dans toutes les langues des signes du monde. Et c'est à elles qu'ont d'abord recours deux sourds de langues des signes différentes, avant, toujours grâce à elles, d'entreprendre de se faire connaître mutuellement leurs lexiques respectifs et les éventuelles autres spécificités de leurs langues. Ceci n'est-il pas passionnant ? N'y a-t-il pas là une matière exceptionnelle à réflexion sur ce qu'est le langage humain, sur ce que cette iconicité, possible à ce degré dans ces langues du corps simplement parce qu'elles sont des langues du corps et des langues de sourds, nous donne à voir « en direct » de la manière dont se forge et fonctionne la pensée humaine ? Dans une langue des signes particulière, le locuteur entremêle sans cesse ces deux manières de dire qu'il a à sa disposition, parvenant à des constructions d'une haute complexité et bien éloignées de celles des langues vocales. Et ceci permet de revisiter une autre idée fausse encore, qui, elle, circule plus particulièrement chez les entendants qui débutent dans leur apprentissage d'une langue des signes. C'est l'idée que ces langues auraient un lexique moins riche que celui des langues vocales, l'idée, par exemple, que la LSF aurait un lexique très réduit comparativement à celui du français. C'est une autre des forces de cet ouvrage que de montrer à quel point ceci est inexact. Cette idée relève en réalité d'une illusion d'optique liée au point de vue adopté, le point de vue d'un locuteur entendant de langue vocale, souvent tenté de ne chercher dans la langue des signes que ce qu'il connaît déjà, c'est-à-dire de chercher l'équivalent des « mots » de la langue vocale. Or, on vient de le dire, il y a en langue des signes deux manières possibles de dire un concept, souvent aussi économiques l'une que l'autre : le dire par un signe lexical ou bien le dire en le donnant à voir par le recours à une structure de transfert. Mais il ya plus encore. Comme les plus petits éléments qui composent les signes lexicaux (leurs différents composants manuels décrits dans l'ouvrage) sont eux-mêmes déjà le plus souvent porteurs de sens, il suffit, entre autres procédés, d'en modifier un dans un signe lexical existant pour créer un nouveau signe, parfois juste temporaire, parfois repris et intégré à terme dans la langue. Revenons au mot « entendant » du français, également donné, entre autres exemples, dans le livre. La LSF, elle, dispose en fait de plusieurs signes pour désigner les non sourds (ou, d'ailleurs, les non « Sourds »), par modification du composant emplacement : selon que le signe est réalisé à l'oreille (les « entendants »), sur la bouche (les « parlants », signe le plus ancien) ou encore sur le front (l'insultant « entendant dans sa tête », « entendant profond »), le concept véhiculé est bien différent, l'expression faciale choisie pouvant en outre venir affiner encore le sens. Mais, bien sûr, si on part du seul mot disponible en français, « entendant » (emprunté à la LSF, donc), on passe à côté de cette richesse lexicale ! Ceci vaut pour tout le soi-disant « lexique » de la LSF qui, appréhendé de l'intérieur et non plus à partir d'une mise en correspondance unilatérale mot/signe, est probablement bien plus vaste que celui du français ! Les interprètes professionnels le savent bien – et Pierre Guitteny, co-auteur de ce livre, le tout premier, lui qui est un interprète chevronné : tout ce qui peut s'exprimer en français se traduit en LSF et inversement, ceci d'ailleurs étant la preuve-même, s'il en était encore besoin, qu'elles sont toutes deux des langues, pareillement riches, pareillement complexes. En réalité, il s'avère même souvent plus difficile (surtout en situation d'interprétation simultanée) d'interpréter de la LSF vers le français que dans le sens contraire, alors même que les interprètes, qui sont entendants, ont très majoritairement le français comme langue maternelle. L'une des explications à cela est que la LSF exploite ces structures qui ont la grande originalité de permettre de dire tout en donnant à voir et de le faire en utilisant simultanément tous les articulateurs corporels (manuels et non manuels). Cette particularité des langues des signes fait qu'une grande densité d'informations peut être donnée dans le même laps de temps exactement que celui qui permet de produire un seul mot en langue vocale. Et comme ces informations simultanées sont très illustratives (iconiques), on comprend sans mal la difficulté qu'il peut y avoir à restituer en français toute la finesse du sens ainsi produit : si maîtrisée qu'elle soit par les interprètes, la langue française est une langue qui ne montre pas et qui, elle, est astreinte à enchaîner ses mots dans le temps. Quelques ouvrages d'initiation à la LSF (bien trop rares) ont paru ces toutes dernières années. Celui-ci présente bien des atouts en propre. D'un format compact, il réussit à offrir une vision d'ensemble forte sur la langue tout en fournissant les premières bases pour commencer à produire. Les deux auteurs le savent parfaitement et ils le soulignent en début d'ouvrage : rien évidemment ne peut remplacer le face-à-face avec les sourds pour l'apprentissage de cette langue, langue éminemment du face-à-face, langue vivante à tous les sens de ce terme, et dans laquelle le regard joue un rôle essentiel. Mais ils parviennent à donner diverses clés ingénieuses pour aider l'apprenant entendant grand débutant à ouvrir son esprit et à modifier son mode de pensée en vue d'accueillir cette langue si différente de la sienne. Cette réussite tient à l'heureuse conjonction du grand talent de Laurent Verlaine, dessinateur sourd vivant sa langue de l'intérieur, et de la longue expérience de passeur entre les deux langues de Pierre Guitteny, interprète professionnel et docteur en sciences du langage, investi depuis longtemps dans de multiples actions de diffusion, aussi bien auprès des sourds que d'un public plus large, des savoirs sur les sourds et leur(s) langue(s). Qu'ils en soient tous deux remerciés.

Brigitte Garcia

Table des matières

Cet ouvrage a été achevé d'imprimer en septembre 2017
dans les ateliers de Normandie Roto Impression s.a.s.
61250 Lonrai
N° d'impression : 1701974
Dépôt légal : septembre 2017

Imprimé en France